图 1
半开放的汽车 4S 店

图 2
半开放的汽车 4S 店

图 3
楼梯下面的公共区域

图 4
楼梯拐角处的公共空间

图 5
幼儿园主色调的运用

图 6
荷塘创意

图 7
袋袋妙妙屋

图 8
表演区的空间设计

图 9
横梁下的垂吊

图 10
树叶粘贴

图 11
纸箱做的厨房操作台

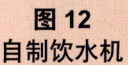
图 12
自制饮水机

图 13
玩自制棋

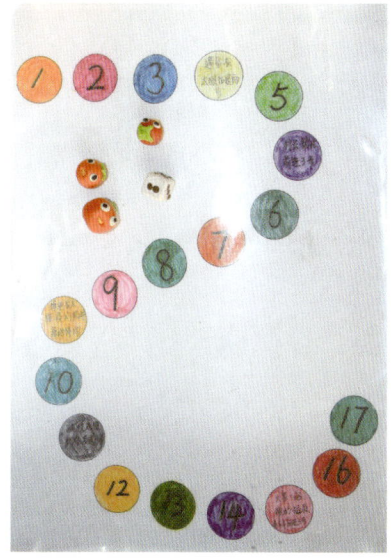

图 14
自制棋

图 15
材料的分类整理

图 16
分类摆放易取用

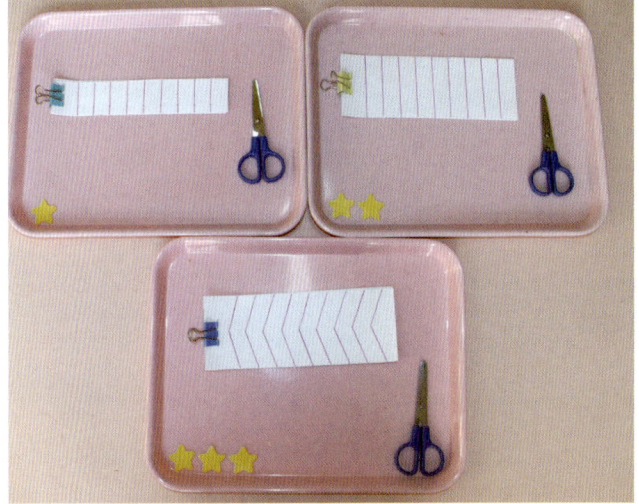

图 17
星级材料

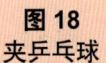

图 18
夹乒乓球

图 19
夹小猫和螃蟹

图 20
串肉串

图 21
串海鲜

图 22
串吸管

图 23
扣香蕉

图 24
扣西瓜

图 25
盛开的向日葵

图 26
编织的成品

图 27
瓶子娃娃等立体作品

图 28
小手拓印

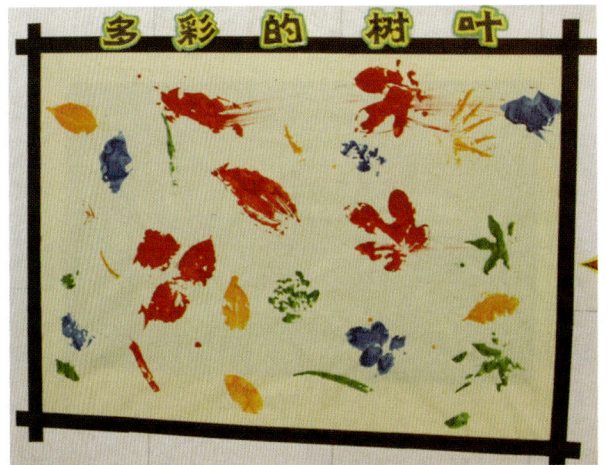

图 29
树叶拓印

图 30
车轮拓印

图 31
自制表演服装

图 32
快乐的表演

图 33
托、小班建构材料

图 34
中、大班本色积木及辅助材料

图 35
娃娃家

图 36
餐厅

图 37
餐厅

图 38
餐厅

图 39
超市

图 40
医院

图 41
医院

图 42
自制的图书

图 43
自制的图书

图 44
建构作品

小区域 大学问
——幼儿园区域环境创设与活动指导

董旭花　韩冰川
王翠霞　刘　霞　/ 著

中国轻工业出版社

图书在版编目（CIP）数据

小区域 大学问：幼儿园区域环境创设与活动指导/董旭花等著. —北京：中国轻工业出版社，2013.3
（2023.1重印）
 ISBN 978-7-5019-9149-5

Ⅰ. ①小… Ⅱ. ①董… Ⅲ. ①学前教育-教学参考资料 Ⅳ. ①G613

中国版本图书馆CIP数据核字（2013）第006210号

保留所有权利。非经中国轻工业出版社"万千教育"书面授权，任何人不得以任何方式（包括但不限于电子、机械、手工或其他尚未被发明或应用的技术手段）复印、拍照、扫描、录音、朗读、存储、发表本书中任何部分或本书全部内容，以及其他附带的所有资料（包括但不限于光盘、音频、视频等）。中国轻工业出版社"万千教育"未授权任何机构提供源自本书内容的电子文件阅览、收听或下载服务。如有此类非法行为，查实必究。

总 策 划：石 铁
策划编辑：高 君　　责任编辑：吴 红
责任终审：杜文勇　　责任校对：刘志颖　　责任监印：吴维斌

出版发行：中国轻工业出版社（北京东长安街6号，邮编：100740）
印　　刷：三河市鑫金马印装有限公司
经　　销：各地新华书店
版　　次：2023年1月第1版第15次印刷
开　　本：710×1000　1/16　印张：12　插页：8
字　　数：110千字
印　　数：65001—70000
书　　号：ISBN 978-7-5019-9149-5　　定价：30.00元

读者热线：010-65181109，65262933
发行电话：010-85119832　传真：010-85113293
网　　址：http://www.chlip.com.cn　http://www.wqedu.com
电子信箱：1012305542@qq.com
如发现图书残缺请拨打读者热线联系调换
121294Y1X101ZBW

前　言

除了学校的教学活动，我大多数时间都在全国各地幼儿园跑，喜欢和老师们一起做教研。那种思想火花的相互碰撞和激发令人沉醉。到了幼儿园，也总会被园长们邀请参观他们的区域环境和区域活动，结果还真的发现了不少问题。于是，我就经常和老师们就区域环境创设和活动指导做现场研讨。这样的研讨活动通常会选择小、中、大各一个班。每走到一个班级，就以这个班级为"靶子"，请大家就班级空间布局、区域选择、材料投放、幼儿活动、教师指导等问题进行观察和研讨，分析其适宜性和有效性，并探讨更好的调整方案。这样的研讨活动会连续跟进。

关于区域的现场教研活动，不仅让教师对区域有了更清晰的认识，也让我受益匪浅：不仅积累了各地优秀幼儿园优质的经验，也更了解幼儿园教师在区域环境创设和区域活动指导过程中存在的问题和困惑。所以，当中国轻工业出版社万千教育的高君编辑提出这个选题时，我们不谋而合。这次合作已经是我们的第四次合作了，我们之间的默契让我很感动。

极为幸运的是，我找到了三位很好的合作伙伴。她们是山东省淄博市实验幼儿园业务园长王翠霞、淄博市市直机关第二幼儿园业务园长刘霞、淄博市市直机关第三幼儿园业务园长韩冰川。她们都是典型的研究型园长，专业水平很高，而且她们所在的幼儿园也都是山东省十佳幼儿园。这三所幼儿园无论是在管理方面，还是在区域活动方面都做得很不错。在这本书的写作过程中，我们得到了三所幼儿园的园长和全体教师的大力支持与帮助。此外，书中涉及的图片也是这三所幼儿园提供的，在此一并表示感谢。

  这本书的写作过程既有分工也有合作。我初拟了一个提纲之后，高君编辑又提了很多宝贵的意见，然后她来山东与我们一起讨论，前后讨论修改了四五次才逐步确定下提纲和写作模式。本书的导言部分由董旭花执笔，上编的第一章由王翠霞执笔，第二章由刘霞执笔，下编的第三章由韩冰川执笔，第四章由王翠霞、董旭花执笔，第五章由董旭花、韩冰川执笔，第六章由王翠霞、董旭花、韩冰川、刘霞共同完成。

  考虑到幼儿教师的阅读习惯，这本书摈弃了太过理论的表述方式，而尽可能把教师在区域活动中遇到的问题化解为一篇篇小文章，用小标题的形式呈现，使教师能够轻松阅读。

  这本书写作得很顺利，是因为我们四个人有极好的合作关系。我们经历了无数次的研讨和修改，每次讨论都有新的想法不断涌出，稿件也日趋完善。此书书稿一经完成，三位园长就对此书抱有了很大的期待……这种期待不仅仅是对自己努力成果的期待，也是对教师培训和专业学习的期待。在这本书写作的过程中，就有幼儿园在用我们写作的初稿开始对教师进行培训，这也让我们再次感受到幼儿园教师对区域活动指导的期待，这也是我们写作的巨大动力。

  这本书的写作过程也融合了很多幼儿教育专家的智慧和幼儿园园长的成功管理经验，感谢大家对于幼儿教育孜孜不倦的研究和探索。

  因为水平有限，也因为我们对于区域活动的研究刚刚起步，所以书中肯定有不足之处，诚恳希望大家批评和指正，我们会继续努力的。

董旭花
2012年11月于泉城济南

目 录

导言 小区域里的大学问 ·· 1
  一、什么是区域活动 ·· 1
  二、倡导区域活动的几个理由 ·· 3
  三、区域活动与教学活动 ·· 5
  四、区域活动与游戏活动 ·· 8
  五、区域的种类 ·· 9
  六、几种常规区域的主要功能 ·· 11
  七、如何确定区域的种类和数量 ··· 14
  八、区域环境创设的基本原则 ·· 16
  九、我的区域谁做主 ·· 18
  十、幼儿园区域活动存在的问题 ··· 21
  十一、幼儿园区域活动的保障 ·· 24

上编 区域环境创设 / 27

第一章 合理的空间布局 ··· 29
  一、以幼儿为本的区域空间 ·· 29
  二、科学合理的空间分割 ··· 30
  三、因地制宜,合理布局 ··· 32
  四、区域空间规划的要点 ··· 34

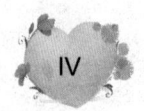

第二章　区域材料的选择与投放·················41
一、活动区材料分析·····················41
二、投放适宜的材料·····················46
三、有层次地投放材料···················49
四、各区域常规材料·····················52

下编　区域活动组织与指导／69

第三章　区域活动的开展·····················71
一、规则与自由·························71
二、区域规则从哪里来···················72
三、区域规则有哪些·····················76
四、幼儿规则意识的养成·················79
五、区域选择···························82
六、冷门区与热门区·····················83
七、推介新材料·························89
八、作品管理···························91
九、交流与分享·························94

第四章　区域活动的观察与记录·················97
一、为什么要观察·······················97
二、观察什么···························99
三、观察的方法·························102
四、观察的记录·························104
五、对观察记录的分析与反思·············115
六、观察与记录应注意的问题·············119

第五章　区域活动的指导·····················123
一、区域活动指导的特殊性···············123

二、区域活动指导的注意事项…………………………………………125
　　三、区域活动指导的一般策略…………………………………………129
　　四、人际纠纷……………………………………………………………134
　　五、各区域指导要点……………………………………………………140

第六章　区域活动的评价…………………………………………………**155**
　　一、对区域环境的评价…………………………………………………155
　　二、对区域中的幼儿的评价……………………………………………161
　　三、对区域中的教师的评价……………………………………………169
　　四、对区域管理保障的评价……………………………………………175

参考文献……………………………………………………………………**181**

导言　小区域里的大学问

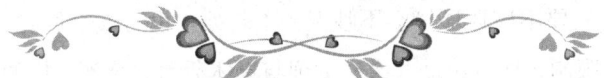

现在的风气真的是和以前不一样了，笔者每到一所幼儿园，无论是参观、评估、检查，还是参与交流现场会，幼儿园的教师或者管理者都会开放他们的区域活动给你看。很显然，他们认为这个是最受欢迎的，最应该提倡的，即使他们平时根本不对幼儿开放区域活动，只是上课、上课、上课……面对这种现象，尽管我们哭笑不得，但我们还是明白了一点：其实幼教工作者大都明白幼儿需要什么，也明白《幼儿园教育指导纲要（试行）》（以下简称《纲要》）倡导什么。但是，为什么幼儿园平时就做不到呢？除了现实存在的幼儿园班级幼儿多、空间小等实际困难之外，可能还有很多在实践中捋不清的问题，比如：区域活动的本质是什么？区域活动与游戏活动、教学活动之间的关系是什么？各类区域的功能是什么？如何根据幼儿的发展需要选择区域的种类？如何提高教师材料分析的能力？如何在区域环境创设和区域活动中激发幼儿的自主性和创造性？如何切实保障区域活动的实施和实效……所有这些问题，我们会在后面一一陈述，帮助教师们理清思路，明确区域环境创设和区域活动实施的关键要点。

一、什么是区域活动

什么是区域活动？迄今并没有一个准确的科学定义。如果要给它一个描述性定义，简言之，就是幼儿在教师准备的环境中进行的自由、自主、自选的活动。区域活动开展的前提是有一个特定的"有准备的环境"，幼儿在教师有目的、有计划创设的环境中自由交往、自主操作，获取经验，获得发展。

区域活动的主要特点表现为以下几个方面：

1. 自由、自选

通常教师会让幼儿自由选择自己喜欢的区域，自己决定跟谁一起玩、玩什么、怎么玩。幼儿只要不破坏环境、不吵架、不打架，没有安全问题，教师一般不会给予太多的限制，所以，幼儿会感觉到与集体活动完全不一样的自由感。

2. 自主交往和操作

因为教师对区域活动较少控制和指导，所以，在区域中的幼儿有更充分的机会融入环境，与区域内的同伴自由交流和交往，或者自主地操作材料和玩具，通过与他人、与材料的互动获得实实在在的发展。

3. 教师间接指导

区域活动强调的是幼儿的自由、自主活动，所以，教师的主要任务是为幼儿创设适宜的环境、提供适宜的材料，通过物化目标的材料引领幼儿的活动，或者通过与幼儿的共同游戏间接实现对幼儿的指导。

4. 个性化学习和发展

一方面我们承认幼儿发展的个体差异，另一方面又无法通过集体活动满足其个体差异；而区域活动一般都是小组活动或个别活动，较为突出的就是幼儿的自主操作、自由互动，每个幼儿都可以根据自己的兴趣和需要选择区域和活动材料，进行符合自己发展进程的各种各样的活动，所以，区域活动应该是幼儿喜欢的、能满足其个体需要的、促进其个别化发展的活动。

追溯区域活动的历史，它的提出应该归功于意大利著名儿童教育家蒙台梭利。蒙台梭利是第一个明确提倡在幼儿园中运用区域活动进行教育的实践者。蒙台梭利强调"环境是第三任教师"，教师要为幼儿创设"有准备的环境"，这应该很切合我们现在的区域环境理念。蒙台梭利教室主要分为7个部分：日常生活练习区、感官教育区、数学教育区、语言教育区、科学教育区、文化教育区和艺术教育区。在这7个区域中，分别投放不同层次、不同内容和不同发展水平的活动材料，每个幼儿都可以根据自己的兴趣和内部需要自由地选择区域和材料进行活动，教师不直接干预幼儿的活动，只是在幼儿需要时提供帮助。

美国的高瞻（High/Scope）课程，也与区域活动有密切的关系。高瞻课程强调关键经验，教师要有意识地把关键经验物化为活动情境和活动材料，而幼儿则通过以"活动区"为中介的一系列活动，操作材料，获取经验。

由此可见，区域活动是西方教育的产物。自20世纪90年代初开始，它才被不断地介绍到国内来，国内很多幼儿园也才开始了区域活动的实践研究。1996年国家颁布的《幼儿园工作规程》和2001年颁布的《纲要》都强调幼儿园教育应该"以游戏为基本活动"、"寓教育于各项活动中"，这也在一定程度上推动了区域活动在幼儿园的备受重视和普及。

二、倡导区域活动的几个理由

区域活动近些年在幼儿园的被推崇和普及，肯定有其原因，归结大致如下：

1. 符合以儿童为本的教育理念

新《纲要》倡导的以儿童为本的教育理念尽管已经深入人心，但在教育实践中，在以集体活动为主要活动模式的幼儿园一日生活中，尊重幼儿的兴趣和需要、尊重幼儿的发展差异很难落到实处。我们经常看到的还是幼儿排队进出活动室、排排坐上课、异口同声回答问题的场面，教师太习惯于这样的一种组织模式，以至于很难把理念上的认识落实到自己具体的教育实践中来。

应该说区域活动可以帮助教师在实践中具体落实以儿童为本的理念，真正实现"促进每个幼儿富有个性地发展"的人文教育目标。因为在开展区域活动之前，教师会认真思考本班幼儿的兴趣、需要和发展目标，有针对性地选择区域类型，投放适宜的活动材料，而且区域活动是个别化的自由、自主活动，幼儿可以在相对宽松和自由的氛围中自由交往，教师不会有太多干涉，硬性控制也较少。即使幼儿暂时不喜欢参与活动，也可以选择"无所事事地游走"或"呆坐"，这些都体现了教师对儿童的理解和尊重。

区域活动中教师的指导和干预更多地表现为活动前的环境创设和活动过程

中的观察，如果需要教师介入指导，教师也会尽可能在不破坏幼儿游戏和自主性的前提下介入，指导的前提是细致的观察。

2. 有助于改变幼儿教育小学化倾向

尽管教育部三令五申幼儿教育不能小学化，幼儿教育小学化倾向近些年来不是越来越淡，相反，却越来越突出了。这种倾向与我国的教育传统有关，也与竞争日趋激烈的社会现实关系密切。幼儿教育小学化倾向主要表现在以下几个方面：

（1）课程超载，幼儿负担过重；过于注重知识学习，忽视幼儿身心全面发展。

（2）集体教学活动过多，游戏、户外活动和自由活动严重不足。

（3）教学过程中，教师讲，幼儿听；教师做，幼儿看；教师问，幼儿答的现象比较突出，缺少幼儿的参与和操作活动，不符合幼儿学习的规律和特点。

（4）一日生活各环节教师控制较多，幼儿缺少自由交往和自主活动的时间，排队等候等消极等待现象突出。

（5）各项活动中集体要求多、统一活动多，缺少对幼儿个体的关注和有针对性的引导。

尽管区域活动不可能从根本上消除小学化倾向，但从某个角度讲，区域活动的推行有助于改善现阶段的幼儿教育现状，有助于教师在实践中落实《纲要》和《3—6岁儿童学习与发展指南》（以下简称《指南》）中的先进理念，让幼儿园教育回归幼儿教育的本质，让幼儿园教育不再那么沉重和沉闷，让幼儿获得更多的自由、自主活动时间，让幼儿在快乐的童年生活中获得有效和有益的发展。

3. 强调幼儿的主体性

把幼儿从被动的学习状态中解救出来，凸显其主体性价值。强调幼儿的主体性价值不是从现在开始，对于幼教工作者来讲，也不是什么新口号、新观念，但纵观幼儿教育现状，我们不得不承认，这仅仅是一种教育理想。即使在软硬件条件都最好的幼儿园里，我们仍能看到太多的老师满足于"我讲你听、我说你记、我问你答"的教育教学模式，教学活动展示的是教师的精彩，而非幼儿的精彩，教育教学活动很多时候是教师的"独角戏"。我们经常会听到上公开课、参与比赛课的教师课后说："今天的孩子太不配合了，没办法，所以活动效果不太好。"——你看，幼儿不是教学活动的主体，而仅仅是配合教师教学展示的"配角"。

区域活动恰恰相反，它凸显的是幼儿作为活动主体的价值，因为区域活动强调的是幼儿的自由、自主和自选活动，所以，活动中幼儿会有更多的机会以"主人翁"的姿态出现，这样不仅有利于其知识经验的建构和社会性的发展，更重要的是有利于其自主性的发展，凸显其主体的自我价值。

4. 保护幼儿的创造性

在自由活动中保护幼儿的创造性，发展其各种能力。可以很肯定地说，创造性和自由程度是成正比例关系的，越是自由的氛围越有助于幼儿自我的展现，有助于其创造性的表达和表现。

中国传统教育的最大问题可能就是给予儿童的尊重和自由不够，所以，中国儿童会表现出更多的被动和因循守旧，思维缺乏突破性和创意。当然，并不是我们的孩子天生如此，而是成人教养的结果，是我们的教育太强调整齐划一的结果。

在幼儿园的活动室规划区域，投放适宜的材料，放手让幼儿自由交往和操作、让幼儿有机会遭遇真实的生活问题和认知冲突，有助于幼儿提高自我学习的能力，提高发现问题、解决问题的能力，提高交往的能力和认知的能力，当然更有助于幼儿创造性的自主表现。

三、区域活动与教学活动

区域活动与教学活动到底是什么关系？这也是让教师们比较困惑的问题之一。应该说教学活动和区域活动都是幼儿园课程的组成部分，它们共存于幼儿一日生活之中，并以不同的活动形式实现幼儿全面发展的目标。

教学活动强调活动的目的性、计划性，教师指导以直接指导为主；区域活动则强调环境和材料对幼儿的引领，教师指导表现为间接指导。它们之间并不对立，而是相辅相成的，也可以相互延展或相互转化。

1. 相辅相成

教学活动因其目标突出和计划性，更有助于发挥教师的价值，更有助于教师有针对性地帮助幼儿获取知识、提升经验。教学活动中幼儿获取的经验会自然地被迁移运用到区域活动中，丰富幼儿的区域活动的内容。有时候教师也会根据教学活动进程设计一些学习活动区域，以利于区域活动和教学活动更好地衔接。

认识菊花的教学活动结束之后，教师在美工区投放了一些纸杯、彩纸、彩带等材料，供幼儿制作菊花。

认识秋天的教学活动结束之后，教师带领幼儿捡拾了很多落叶，然后把它们投放在科学区或者美工区。幼儿会自然地运用教学活动中获取的经验，操作落叶，进行配对、归类或创意粘贴等区域活动。

音乐教学活动或者图画书阅读、故事教学活动结束之后，幼儿会在表演区自然地进行音乐表演或故事表演活动。

反过来讲，幼儿也会把在区域的自主活动中获取的经验和能力自然地迁移运用到教学活动中。幼儿在区域活动中有更多的机会自主操作，这不仅可以满足幼儿参与活动和动手操作的愿望，更有助于幼儿获取丰富的感性经验，而这些感性经验是幼儿建构概念的重要基础，也是教学设计和实施的重要依据。所以说，区域活动和教学活动是相辅相成的，它们从不同的方面以不同的形式促进了幼儿的全面、和谐发展。

2. 相互转化

区域活动和教学活动有时候可以相互延展和转化。

美国幼儿教师玛丽琳根据本地区幼儿园数学课程的规定，将要教儿童1—

20 的认数和计算。于是,她将教室的角色游戏中心转化为一家商店,并提供了一系列材料:游戏中心原有的一杆天平秤和一把老式的吊杆秤,儿童可以用它们来称商品的重量;一个带有数字的印章,儿童能转动着来变换数字,标出商品的价格;几台手揿计算器及从三年级老师处借来的老式加法器,儿童可以进行商品价格的计算;可供出售的商品——几桶小物品,如尤尼菲克斯立方体积木等。她还提供了商店印刷的过期优惠券及本地超市发放的每周广告,利用上面的图片和数字,使顾客们更多地了解商店的信息。

提供了材料后,商店开业了。可就在开张那天,"营业员"和"顾客"发现,教师玛丽琳还忘记了一件重要的事情,那就是没有提供钱:"顾客"需要钱才能来商店购物,"营业员"需要钱来找零。于是,一个制作纸币和硬币的小组操作项目生成了。孩子们运用原有的数字概念和经验制作起了钱,并投放到商店。这样,商店游戏可以正式开始了。

——(摘自〔美〕约翰逊,等,编著.游戏与儿童早期发展.华爱华,郭力平,译校.上海:华东师范大学出版社,2006.)

上面的案例中表现的是教师巧妙地把教学活动的目标(1—20 的认数和计算)转化为区域活动中的商店游戏,通过提供商店里的工具和物品等材料,鼓励幼儿进行购物和钱币兑换等活动,获取数数和计算的经验。

有些时候,教学活动时间有限,或者受材料、场地等因素的限制,幼儿没有足够的时间反复探索和操作,那么在教学活动之后,教师可以把活动材料继续补充投放到相应的区域中,让学习活动由教学活动延伸为区域活动,满足所有幼儿继续探索和自主学习的愿望。

在科学活动"小灯泡亮了"中,教师为幼儿提供了电线、干电池、小灯泡等材料,让幼儿探索如何才能让小灯泡亮起来。幼儿不断地尝试,慢慢地从失败到成功。逐渐地,越来越多的幼儿成功地让小灯泡亮了起来。教师又提示幼儿用两节电池、三节电池连起来试一试,看看能发现什么。就在幼儿兴致勃勃、跃跃欲试之际，下课时间到了。于是，教师就把这些操作材料投放到科学区，并填充上更多的、不同型号的电池，请幼儿在区域活动时间继续探索。

反过来讲，幼儿在区域中的活动也可以生发或延伸为教师组织的教学活动，即我们通常所说的生成课程。

大班李老师发现最近建构区的孩子们很喜欢搭建桥梁，每次他们都把积木摞得高高的。有的孩子喊叫自己搭的是桂河大桥（当地最大的桥的名字），也有的孩子喊自己搭的是长江大桥或黄河大桥。可是细细观察，李老师发现孩子们搭建的桥大都一样，即两个桥墩、一个桥面，搭建水平很一般。于是，李老师就搜集了很多桥的资料，和幼儿开展了一次"各种各样的桥"的教学活动，丰富幼儿关于桥的经验，帮助幼儿更进一步了解桥的基本结构。在这之后，孩子们对于桥的兴致更浓厚了，建构区的搭建水平也有了飞跃性的提高。

上面这些案例典型地反映了区域活动与教学活动相辅相成，有时又相互延展、相互转化的关系。

四、区域活动与游戏活动

在很多关于"幼儿园游戏"的书中都能看到区域活动的内容，笔者有时到幼儿园去与老师们交流也发现老师们经常会把区域活动等同于游戏活动，那么区域活动与游戏活动可以画等号吗？

答案是否定的。

有些区域活动也是游戏活动，比如娃娃家、商店、小医院里的角色游戏；运用积木和插塑玩具进行的结构游戏；音乐歌舞游戏或故事表演游戏，等等。还有一些区域活动，如幼儿玩汽车或玩某些材料，也算是游戏活动。

除此之外，还有一些区域活动很难归到游戏的类别，这些区域活动包含技能练习的成分或者独立学习的成分更多一些，从本质上分析，说它们是学习活动更贴切。比如系扣子、串珠子、用筷子等活动，更像是技能练习，发展的是幼儿的手眼协调能力和手的精细动作。还有投放在数学区或者益智区的一些材料，如数学题的连线卡、数字描红、测量记录单等，这些材料诱发的活动从本质上讲都属于学习活动，而非游戏活动。

所以，区域活动中既有游戏活动，也有学习活动。

一个活动是否是游戏活动，没有一个明确的界限，通常我们会说游戏成分更多一些，还是学习成分更多一些。也就是说游戏活动与非游戏活动其实是在一条线上的，只是侧重点不同而已。游戏强调的是幼儿的自由、自主和愉悦性，是由内在动机引发的活动，相对来讲，幼儿更喜欢，兴趣更浓厚；而学习活动通常有一定的学习目标和较为统一的要求，趣味性相对差一些。

区域活动是否是游戏活动还与教师干预的多少和干预的方式有关。一般来讲，教师干预较多、指导比较直接的活动，与学习活动更类似，只不过可能是小组学习活动或者个别学习活动；而教师干预较少，或者即使有干预，也以间接方式为主的活动，一般来讲更倾向于是游戏活动。

现阶段有些幼儿园强调区域活动要与主题教学活动结合起来，甚至要求教师每个区域投放的材料都要根据主题教学的要求投放，这就很容易把区域活动变成主题教学活动的延伸和附庸，让区域活动失去它的独特价值。

就现阶段幼儿园教育的现状来看，并不缺少教学活动和学习活动，相反，缺失更多的是游戏和幼儿的自由活动。所以，区域活动应该更多地体现游戏活动，增加游戏的区域和材料，给予幼儿更多的自由自主活动的机会，而不是把所有的区域都变成主题教学的延伸活动或者学习活动。

五、区域的种类

活动区的名目林林种种，算起来也可以有十几个，归结一下，可以分为以下三种类型：

1. 常规区域

常规区域通常是指那些在各个幼儿园都通行的、大家普遍认同和开展的区域，如角色游戏区（娃娃家、小医院、超市、餐厅、理发店等）、阅读区、美工区、表演区、建构区、益智区等。

这些区域的名称和活动内容大家都不陌生，在很多幼儿园都有。这些区域几乎不受地域的限制和年龄的影响，在各个班都可以设置，只不过投放的具体材料和开展的活动有异，所以被称之为常规区域。

2. 特色区域

所谓特色，可以解释为：人无我有，人有我精，人精我特。那么特色区域也就是与别的幼儿园不同的、比较独特的区域。这种特色可以是地域特色，也可以是园本、班本特色的体现。

特色区域并不仅仅反映在独特的名称上，有些区域用的是常规区域的名称，如建构区，但在建构区投放的是只有本地区独有的建构材料，或者只有自己幼儿园开发挖掘的建构材料，开展的是富有特色的建构活动，这也可以被称为特色区域。

此外，还有一种特色区域，尽管从名称上看没什么特别之处，好像很多幼儿园都有，但是某个幼儿园有自己持续深入的探索研究，积累了丰富的经验，形成了自己丰富而独特的环境和活动特色，这也是一种特色区域。

所以，特色既可以体现在空间利用和布置、材料投放、开展的具体活动内容、活动指导上，也可以体现在区域评价等方面。

特色区域应该是教师根据幼儿的兴趣和发展需要，尤其是根据自己班级的资源开发挖掘而成的，是长期积累形成的结果。有些地域要求幼儿园的区域活动园园有特色、班班有特色，这样的强求只会让老师们为特色而特色，或者生造特色，违背教育的基本规律，浪费教育资源。

3. 主题区域

伴随主题教学活动的开展，主题环境的建构已经引起教师们的重视，主题环境可以体现在墙饰上，也可以体现在区域环境上。主题区域即是主题目标、主题活动内容物化在区域材料当中,让幼儿在区域的自主活动中实现主题发展目标。

主题区域的名称其实大多时候还是采用常规区域的名称,只不过区域材料是根据主题目标有针对性投放的,区域活动目标也与主题目标相吻合。

主题区域的活动相对来讲学习成分会多一些,游戏成分少一些。主题区域活动从目标到操作,结构性更高一些,是主题教学很好的补充和延伸。

幼儿园班级中也可特设1~2个主题区域,以便随时把课程教学活动中的操作材料转移到主题区域中,并不断地根据主题目标和活动内容调整和丰富材料,使主题区域成为课程教学很好的延伸和扩展,满足不同水平幼儿发展的需要。

教师也可以不特设主题区域,而是根据主题进程和活动的需要,随时灵活地把主题学习材料投放在相应的常规区域中,暂时把这个常规区域变为主题区域。比如,在"秋天"这个主题的实施过程中,教师把幼儿拾来的落叶投放在美工区,供幼儿进行叶子创意粘贴,那么此时的美工区就成为与主题教学活动相呼应的主题区域。

一般来讲,主题区域在班级中不可以太多,太多的主题区域会削弱幼儿的自主游戏。主题区域、常规区域和特色区域应有恰当的比例,以常规区域为主。

也有的幼儿园为保障幼儿的全面发展和充分参与,各种类型的区域活动材料都很充分,但区域不同时开放,而是分时间段开放,比如周一、周三、周五主要开放角色游戏区、建构游戏区和表演游戏区,周二、周四重点开放阅读区、益智区和各种主题学习区。这样既不会造成幼儿选择上的偏区和争区,也不会使班级中的闹区与静区相互干扰。

六、几种常规区域的主要功能

1. 角色游戏区

角色游戏区就是提供各种材料,供幼儿进行角色扮演,以体现社会生活的

区域。教师可以根据班级幼儿的年龄、兴趣和生活经验,选取不同的角色扮演材料,设计不同的角色游戏区,如娃娃家、餐厅、理发店、小银行、小超市、烧烤店、糖果店、蛋糕房、交通岗、小学……其实,社会上存在的职业和生活、工作场所,只要幼儿感兴趣,教师都可以设置。角色游戏区的主要功能如下:

(1) 满足幼儿参与社会生活的愿望,帮助他们积累社会生活的经验。

(2) 为幼儿提供角色交往的机会,促进他们的社会化进程和交往能力的发展。

(3) 促进幼儿语言表达能力的发展。

(4) 促使幼儿自主解决冲突和矛盾,提高其协调能力。

(5) 鼓励幼儿创造性地使用材料和游戏,发展他们的假想能力和创造性。

2. 建构游戏区

建构游戏区就是提供各种构造材料,供幼儿进行各种造型活动的区域。大多数幼儿园都会提供积木和插塑玩具供幼儿进行建构游戏。除此之外,纸箱、易拉罐、纸板、木板等废旧材料和玉米秆、玉米皮、小麦秸秆等植物秸秆以及树叶、树枝等自然材料也可以用来进行建构游戏。

建构游戏可以分为平面建构和立体建构两种。建构游戏区的主要功能如下:

(1) 发展幼儿的空间知觉和想象力。

(2) 帮助幼儿感知形体、对称等概念,建立数概念。

(3) 发展幼儿的手眼协调能力和动手操作能力。

(4) 培养幼儿的坚持性和细致、耐心的品质。

3. 表演游戏区

表演游戏区就是提供各种道具和材料,供幼儿进行表演活动的区域。幼儿在表演区的活动主要有音乐歌舞表演和故事表演,也有些幼儿会仅仅满足于装扮不同的人物,对穿衣打扮、化妆等角色装饰活动更感兴趣。

表演游戏和角色游戏都是角色扮演活动,不同的是角色游戏扮演的都是社会生活中的角色,内容也贴近真实的社会生活内容;表演游戏的内容则大都来自文学艺术作品,想象成分更多。表演游戏区的主要功能如下:

（1）满足幼儿表现的欲望，发展他们的想象力和创造性表达、表现的能力。

（2）发展幼儿的语言表达能力和交往能力。

（3）能带给幼儿舞台表演的满足感和自豪感。

4. 美工区

美工区就是提供各种美术活动材料供幼儿进行美术创意活动的区域。美工区可以根据材料的不同、活动内容的不同分为绘画区、立体塑造区、泥工区、纸工区、版画区、布艺区、编织区等。美工区的主要功能如下：

（1）帮助幼儿体验感官的快感和情绪的舒展、安抚。

（2）帮助幼儿体验美术的创意、自由表达，感受艺术的魅力。

（3）增强幼儿对色彩、线条、构图等艺术要素的理解，提高他们的审美感受力和审美表现力。

（4）帮助幼儿学习欣赏和尊重自己和他人的创作，体验成就感和满足感。

5. 生活操作区

生活操作区就是提供各种与生活有关的材料供幼儿进行操作练习的区域。这些操作练习包括系扣子、串珠子、夹夹子、用勺子、用筷子、开锁、拧瓶盖、穿带子、系鞋带、编辫子等。生活操作区的主要功能如下：

（1）发展幼儿的手眼协调能力。

（2）发展手的精细动作，提高幼儿动手操作的能力。

（3）提高幼儿的生活自理能力，培养他们自己的事情自己做的习惯。

（4）培养幼儿专注、认真、细致、耐心、有条理的品质。

6. 益智区

益智区就是投放一些能促进幼儿观察、比较分析、推理判断，启发幼儿思考的材料供幼儿进行操作的区域。在益智区，幼儿可以进行诸如玩拼图、走迷宫、下棋、玩扑克牌游戏、几何图形拼摆、操作七巧板、图片接龙、找不同等活动。益智区的主要功能如下：

（1）帮助幼儿学习观察的方法，培养幼儿形成良好的观察习惯，提高其观察力。

(2) 帮助幼儿学习辨别、分析、判断，提高幼儿分析问题、解决问题的能力。

(3) 培养幼儿思维的敏捷性、灵活性、独创性等良好思维品质，提高其思维能力。

(4) 培养幼儿专注、细致、有序、有条理等良好的学习习惯。

如果班级不单设科学区、数学区的话，教师可以把科学操作材料、数学操作材料投放到益智区供幼儿进行活动。

7. 阅读区

阅读区就是在班级提供适宜的阅读材料供幼儿进行自主阅读活动的区域。最适合学前阶段儿童阅读的材料是图画书，因此教师应该为幼儿提供丰富的、适合各个年龄段阅读的图画书来丰富幼儿的阅读经验。阅读区的主要功能如下：

(1) 帮助幼儿感受图书带来的美好和愉悦，缓解不良情绪和压力。

(2) 帮助幼儿感受人类文化的熏染，培养良好的阅读兴趣和阅读习惯。

(3) 培养幼儿对图画和文字的敏感，提高幼儿的阅读理解能力。

(4) 帮助幼儿形成积极的人生态度和良好品格。

七、如何确定区域的种类和数量

教师在规划班级区域的时候，首先会想到的问题就是：我们班应该设哪些区域？总共需要几个区域？笔者曾经去过一些幼儿园，每个年龄班都是6个区域，即娃娃家、超市、美工区、阅读区、生活操作区和表演区，而且每个区域所在的位置、布置以及投放的材料基本都是一致的，很显然，这样的区域设计是有问题的，起码没有符合各年段幼儿发展的特点和目标，对于幼儿的兴趣和个别化需求关注也不够。

（一）区域种类的选择

小班应该有哪些区域？中、大班应该有哪些区域？这两个问题没有特别确切的答案。在为不同年龄段的幼儿设置区域时，教师最主要应该关注以下三点：

1. 按照幼儿的兴趣和需要设置

比如小班刚入园的幼儿最需要的就是情绪安抚，最喜欢的就是玩玩具，那么教师就可以在小班设置娃娃家之类的能给幼儿带来温暖和安慰的区域；也可以专门为喜欢车的幼儿设计一个"汽车城"，满足幼儿玩车的愿望。小班的区域环境设计应该尽可能软软的、暖暖的、很好玩。

即使是同一年龄段，区域设置也可以有所不同，因为幼儿经验不同、兴趣不同、班级资源不同。

2. 按照阶段性发展目标设置

比如小班幼儿除了分离焦虑的问题需要解决，还急需解决的是动手能力差、自理能力缺乏的问题。到了幼儿园，幼儿不会吃饭、不会穿衣服就会让教师很着急，所以，教师可以在小班创设生活操作区，创设一种情趣化的情境让幼儿练习夹夹子、用勺子、系扣子、串珠子、系带子等，发展其手眼协调能力和手的精细动作。而大班幼儿面临幼小衔接的问题，因此需要强化其求知欲和思维能力。此外，良好的学习习惯的养成和学习兴趣的激发尤其重要，所以，教师在大班就可以突出益智区、阅读区等区域。

3. 区域是动态的、可变的

比如夏季有些地方的幼儿会跟随父母吃烧烤，烧烤店的区域就可能应运而生。幼儿的兴趣过去之后，就可以调整区域改为火锅店或者别的什么。

像美工区、角色游戏区等区域内容丰富，而幼儿园班级空间有限、材料有限，不可能把所有的区域都开设出来，也没有必要，那就可以阶段性突出某些活动内容，比如美工区不变，但活动内容每个月都可以有所调整，绘画、立体造型、泥工、折纸、剪纸等活动可以轮流成为活动重点，至于是微调还是大调应该根据幼儿的发展水平和兴趣确定。

（二）区域数量的确定

山东省省级示范幼儿园评估标准中曾经要求每个班级不能少于6个区域，

如果少了就要扣分，对此，大家一直有争议。支持者认为有些幼儿园教师有惰性或者对区域活动目标不是很明确，所以需要规定不少于6个区域，否则很难满足幼儿自主活动的需要。反对者认为不能这么呆板地规定，因为每个班级人数不同、面积不同、材料数量不同，只要能满足所有幼儿进行自主自选的活动就可以了，没必要非得做出数量上的规定。一个班级15个幼儿和一个班级35个幼儿对于区域数量上的要求肯定不同。

有些班级，即使设置了6个区域，却仍然不能保证所有的幼儿都有可能选择到自己喜欢的区域游戏，因为幼儿太多、空间面积不够，这就需要教师组织幼儿室内室外分组活动。也有可能区域数量够了，但每个区域材料不够，这就需要教师丰富活动材料。

总之，笔者认为，不管有多少个区域，只要所有的幼儿都有区域可选，有玩具材料可玩，就够了。

八、区域环境创设的基本原则

没有区域环境和材料也就没有区域活动，所以，区域环境的创设至关重要。教师对于区域活动的引导很大程度上是通过创设环境、投放能物化发展目标的材料实现的，所以，应该认真对待区域环境创设。在区域环境创设过程中，教师应注意以下几条原则：

1. 目标性原则

创设区域环境，包括投放材料，教师们存在的最突出的问题就是盲目，即缺乏目标的导向性、计划性和层次递进性。

区域环境是教师"有准备的环境"，它本身就是隐性课程，会对幼儿有很大的影响，是幼儿园课程的组成部分。所以，教师应该把区域环境创设和区域活动放在和主题教学一样的高度看待，并围绕幼儿发展目标确定区域、投放材料，布置环境。

（1）关注《纲要》各领域教育目标。

(2) 关注《指南》中各领域各个年龄段的发展目标。

(3) 关注学期计划和月计划、周计划中的发展目标。

2. 全面性原则

不同的区域功能不同，对应不同的发展目标。既然我们强调幼儿的发展是全面的，那么作为幼儿园课程组成部分的区域活动就应该是全面的。

全面性原则不是说要把所有的区域都创设出来，而是在同一时期创设的区域中应该既有促进幼儿动作发展、语言发展、社会性发展、认知发展，又有促进幼儿个性和情绪情感发展的区域。比如生活操作区的活动主要指向动作发展，角色游戏区和表演区主要指向语言和社会性的发展，益智区主要指向认知发展……所以，贯彻全面性原则的前提是教师对于各个区域的功能有充分的认识，并能与幼儿的发展目标相对应，然后落实到材料投放上。

如果场地面积有限，很难开设多个区域满足不同幼儿的个性化发展需要，教师可以考虑轮流开设某些区域，使之在一定时间段内保持平衡，实现幼儿的全面发展。也可以利用公共空间（如走廊、楼梯间等）开设几个班级共同使用的区域，在班级之间实现资源共享。

采用各种手段鼓励幼儿到各个区域活动也很重要，下编有这方面内容的介绍。

3. 科学性原则

区域环境创设的科学性原则表现在方方面面：

◆ 能根据幼儿的发展特点选择恰当的区域种类和数量；

◆ 能根据班级空间的特点，合理进行空间分隔和布局，避免动区与静区相互影响；

◆ 能根据区域活动对水、电、光等因素的需要，合理确定区域的位置及其相互关系；

◆ 能考虑区域之间的关系，让易于幼儿相互交往与合作的区域相邻近；

◆ 能根据幼儿的兴趣和发展目标有层次地投放适宜的操作材料；

◆ 能观察到幼儿在区域内的活动状况，并能根据幼儿的表现不断调整区域的布置；

◆ 能对区域设置的合理性进行科学的评估。

4. 趣味性原则

趣味性原则在整个幼儿教育中都很重要，这是由幼儿的年龄特点所决定的。所以，在区域环境创设中，教师应该更多地关注幼儿的兴趣和需要。

(1) 注重创造性游戏（如角色游戏、建构游戏、表演游戏）区域的创设，满足幼儿游戏的需要。

(2) 投放的材料应该尽可能好玩，可操作性强，可以一物多玩。

(3) 对于幼儿已经不再感觉新鲜的玩具材料可以暂时收存起来，过段时间再拿出来，或者与不同的材料搭配呈现，增强其趣味性。

5. 互动性原则

区域环境最主要的功能不是美化教室而是教育幼儿，所以环境应该能引发幼儿更多的互动活动，实现幼儿的自主游戏、主动探索和学习。

(1) 与他人互动。良好的环境能引发幼儿更多的人际交往活动，只有在交往中，幼儿的社会性才会得到发展，幼儿才会习得与他人交往的经验和技能，语言表达能力也只有在运用的过程中才会得到发展。

(2) 与环境、材料互动。幼儿无论是对于环境的认识，还是对于数概念的理解，抑或关于科学概念的获得，都不是成人教会的，而是需要幼儿不断地与环境和材料互动，在互动中慢慢地积累感性经验。感性经验足够丰富时才会慢慢提升为概念，成为幼儿思维的基础。

九、我的区域谁做主

在幼儿园，区域环境布置的任务是谁的？相信很多教师会回答是自己的。笔者亲眼见到很多幼儿园在学期初的时候，或者在对外展示、接受评估检查之前，老师们都会加班加点地忙着完善班级环境，一方面可见大家对于环境这个"门面"的重视，另一方面也反映了教师对于这个"门面"理解的肤浅。这里，教师们至少存在两个误区：

其一，如果环境真的是"门面"，教师看重它没问题。但是，它应该是长期的、慢慢地形成的，而不是加班加点"赶"出来的。就像一个人的容颜，如果不能由内而外散发光彩，仅靠涂了一层脂粉维持，岂能长久？凭什么靠得住？教师匆匆忙忙"赶制"出来的环境，可能就是这一层脂粉，而不是日久呵护的容颜……所以，我们也经常看到这样的环境在外人走后，也就仅仅是摆设，很难与幼儿的活动建立联系。班级环境，尤其是区域材料的投放，需要教师不断地观察幼儿、研究幼儿，关注幼儿的兴趣和经验，根据幼儿的活动内容和状态不断调整，才有可能真正有实效，怎么可能三五天加班"赶制"出来？

其二，尽管我们强调区域环境是教师为幼儿创设的"有准备的环境"，但并不是说区域环境创设就是教师一个人的事，与幼儿无关。如果我们认可班级环境是教师和幼儿共同生活和学习的空间，那么布置班级环境就是教师和幼儿共同的任务。聪明的教师不仅仅在布置环境时会考虑幼儿，以幼儿为本，而且会巧妙地把布置环境的过程转化为幼儿学习的过程，尽量把自己的工作转化为幼儿的学习任务，真正体现幼儿是主人的观念，让幼儿在参与做事的过程获得发展。

在上海市特级教师应彩云老师的博客里有篇文章叫《墙面环境这点事》，她在文章最后这样写道：

我们怎样才能将环境中的这点事变成孩子的学习事，而不至于整天埋头忙碌呢？曾经，我和全班29个孩子，面对一堵5米×3米的白墙，用了15分钟的时间规划情景，用了30分钟的时间小组制作，令同事和园长惊叹。接下来的几天，在那面墙的环境中，孩子时不时地添把"鲜花"、堆个小"山"、挖个"池塘"、养些"鸭子"和"甲虫"，日渐丰富，生趣盎然。

这时，墙面环境这点事，真的成为孩子忙乎的心头事。

这时，墙面环境这点事，就成了老师省力却依然需要用心的事。

那么，如何让幼儿参与区域环境的布置工作呢？

1. 参与区域的规划设计

对于中、大班的幼儿来讲，每学期初或学期末的时候，活动室可能需要重新规划调整，这时教师可以组织幼儿讨论并设计新的活动室。班级需要哪几个区域？每个区域设在什么位置？容纳几个人？玩什么游戏……所有这些问题都可以请幼儿自己讨论商定，然后全班采用举手表决的方式决定。也可以请幼儿用绘画的方式画出自己的班级布置，然后组织展览和讨论，最终由幼儿决定方案。

2. 参与材料的搜集

区域布置最大的问题就是材料缺乏和材料不足，有时候教师有很好的想法却因为没有适宜的材料而不得不放弃。区域材料如果单凭教师个人搜集几乎是不可能的，这个过程一定需要家长和幼儿的参与才可能实现。

有些教师仅仅是在需要家长配合的时候发个通知就完事了，如果家长能记得带来老师需要的材料，教师就觉得这个家长挺好的；如果家长老是忘记，教师就觉得家长不热心，不支持、不配合自己的工作。其实，这个过程也需要培养家长的资源意识，即通过各种方式让家长意识到家里的废旧物品在幼儿园里都是孩子们的"宝物"，对于孩子们的学习和发展意义重大。其实，对于家长参与意识的培养最好的途径不是家长会、家园联系栏，而是孩子。如果班级里的孩子都积极地参与材料搜集，他们就会时时刻刻督促自己的父母把家里不用的废旧材料带到幼儿园里来。

有些幼儿园每个班级门口都设有一个"百宝箱"，家长和孩子们随时都可以把自己家里不用但还有利用价值的自然物或废旧物品带来，于是，孩子们每天的区域活动的材料都很丰富，都会有更新和补充。

3. 参与材料的投放和布置

新玩具或材料到来之后，投放在哪个区域、和什么材料放在一起、可以怎么使用……这些问题，教师都可以交给幼儿自己讨论决定。

有些区域里的材料投放得时间久了，玩法固定了，就没有太多意思了。这时，教师并不一定需要把它们撤下来，有些时候可以改变一下位置（原来在娃娃家，现在可以调整到美工区、表演区），有些时候需要调整一下组合方式（把布偶小熊和奶瓶的组合改为布偶小熊和积木）。

我们一直在强调的区域规则之一是"物归原处"，也许每周教师都可以拿出一点时间和孩子们一起讨论一下，看看是否需要重新调整某些区域的材料。让孩子参与这个活动不仅仅是对他们的尊重，更重要的是培养他们独立思考和解决问题的能力，还有就是不要过早地把幼儿的思维固定在一个框子里。

十、幼儿园区域活动存在的问题

应该说，现阶段强调避免幼儿教育小学化倾向，强调幼儿的自主性发展，强调游戏是幼儿园的基本活动，这在一定程度上鼓励了更多的幼儿园越来越重视幼儿园区域环境的创设和区域活动的开展，尽管如此，幼儿园的区域活动仍然存在诸多问题，需要教师澄清观念，避免无效劳动。

（一）区域环境方面

区域环境是老师们开展区域活动首先要面对的问题，也是老师们存在困惑最多的问题。在区域环境创设方面，教师存在的主要问题涉及以下几个方面：

1. 空间面积不足

空间小，幼儿多，区域活动无法实现。区域活动的实现得益于班级区域环境的创设，有些幼儿园班级空间小，而幼儿人数又过多，导致室内活动几近拥挤，再让老师们进行区域环境创设、开展区域活动几乎是不可能的。

2. 规化不合理

空间规划不合理，区域位置以及区域之间的关系被忽视。每个班级的面积和空间特点不一样，这就需要教师因地制宜、合理、立体地利用空间进行环境布置。有些教师对于班级的空间分割和利用未能进行合理的规划，比如寝室的空间没有被很好地利用；寝室和活动室的动静分割不合理；有些区域需要光线充足却被安置在幽暗的角落里；有些区域之间需要有机联系和交往（如娃娃家和超市、娃娃家和医院等）却被分隔在两个活动室或者活动室两端，等等。

3. 区域种类不适宜

区域种类各年龄段大同小异，与幼儿的年龄段特点和发展目标不符。有些幼儿园小、中、大各年龄段几乎设置一样的6个区域，而且每个区域的所在位置和布置也大致相当，这明显不符合幼儿的年龄段特点和发展目标，也不符合幼儿的兴趣和需要，很难对幼儿的发展起到应有的作用。

4. 材料投放盲目

材料投放盲目，缺乏目的性、有序性、针对性、层次性。材料是区域环境最重要的构成要素，对于区域活动的开展起决定性的作用。但很多教师在投放材料的时候比较盲目，找到什么就投放什么，摆满橱柜就算，结果导致投放的材料盲目，缺乏针对性，也起不到对幼儿发展的引领作用。

在材料投放的过程中，教师经常缺乏认真的分析，对于材料与幼儿的关系、材料与材料之间的关系缺乏研究，所以还存在胡乱堆砌材料的现象，导致材料无序、无层次性。

5. 材料种类和数量单一

活动材料种类单一，数量不足。在大多数幼儿园的区域环境中存在的普遍问题就是材料种类单一、数量严重不足。若要满足幼儿在区域环境中的自由、自主、自选的活动需求，教师首先要为幼儿提供足够的材料，幼儿才有选择的余地，否则，自主、自选就仅仅是一句空话。

6. 环境布置不求变

环境一次性布置完毕，一学期内再很少更换、补充和完善。通常学期初的时候，大多数幼儿园教师都在忙着布置环境，幼儿园里也会组织环境评比，但评比之后，很多教师就会安享学期初的"成果"，只要没有参观、评估、检查的任务，环境就会"一劳永逸"。

(二)区域活动方面

区域环境有了,如何利用区域环境和材料开展丰富的区域活动仍有很多学问,教师们在区域活动开展方面存在的主要问题有以下几个方面:

1. 形式化、表面化

区域活动不知道从什么时候开始竟成为很多幼儿园"锦上添花"的临时应景的活动。平时,教师忙于上课,完成众多的课程,在幼儿的一日活动里根本没有安排区域活动,但是一遇到有人来检查、来参观,必然就会有区域活动。

2. 角色与分工

教师的角色定位模糊,教师之间分工协作不好。在很多教师的知识结构和能力结构中缺乏区域活动指导的储备,所以,教师对于自己在幼儿的区域活动中应该扮演什么角色、发挥什么作用、如何发挥作用等问题知之甚少。此外,幼儿园内部的教研活动也仅仅注重教学的研讨,忽视了区域活动的研讨。

一般,幼儿园每个班级会配备两名教师和一名保育员。在区域活动中,三个人该如何分工、如何协作,每个人该如何发挥作用……对于这些问题,幼儿园也缺乏有效的引导。

3. 缺乏艺术性

活动指导缺乏艺术性,容易演变成小组教学活动。区域活动中的教师指导更多地应该通过材料实现"隐性"指导,即使教师介入幼儿的活动,也应该讲究策略,不要太多硬性干预。有些教师对于区域活动指导的特殊性缺乏认识,往往把指导变成小组教学,有违区域活动的自由、自主和自选的本质特征。

4. 不善于观察和研究

区域活动中的教师更多的作用应该是观察幼儿,通过观察了解幼儿的需要、兴趣所在,了解幼儿对材料的使用情况,了解幼儿之间的交往以及存在的问题,以便于进行适宜的指导和之后区域环境的调整。但是在实践中很多教师不重视对幼儿区域活动的观察,也不知道该如何通过观察开展有效的活动指导以及研究幼儿的发展。

5. 干预过多或放任不管

由于对区域活动的性质缺乏了解，很多教师感觉如果自己负责任就该对幼儿的区域活动过程进行指导，结果导致对幼儿的活动干预过多、控制过多，使区域活动丧失了对幼儿自主性发展的重要价值。也有相反的一种情况出现，即由于带班很辛苦，到了区域活动时间，教师感觉终于可以喘口气休息一下了，所以区域活动时间也就成为"放羊时间"。

6. 交流分享简单化

区域活动结束时的交流分享容易被教师简单化处理成总结与表扬会。很多幼儿园要求教师在区域活动结束时要有交流分享，这没问题，但有些教师把这个环节变成简单的总结表扬时间——谁谁表现得好，我们要向他学习；谁谁表现得不够好，出现什么问题了，下次要注意了等等。这样的简单化处理不仅起不到这个环节应有的教育价值，而且很容易让幼儿对区域活动产生逆反心理。

十一、幼儿园区域活动的保障

要想让幼儿园的区域活动不再仅仅是幼儿教育的点缀，需要各方面的共同努力。

1. 教师儿童观、教育观、课程观的调整

教师是幼儿教育最根本的决定性因素，所以，教师专业素养的提升尤为关键。2011年颁布的《幼儿园教师专业标准（试行）》（以下简称《专业标准》）强调："幼儿园教师是履行幼儿园教育工作职责的专业人员，需要经过严格的培养与培训，具有良好的职业道德，掌握系统的专业知识和专业技能。"所以，如果教师不能调整自己的儿童观、教育观和课程观，不能很好地认识幼儿教育的价值，就很难保证幼儿教育的科学性，很难实现《纲要》和《指南》中规定的幼儿发展的目标。

2. 教师应对活动课程、游戏课程的素质和能力

无论是针对教师的职前教育还是职后教育，大多比较重视传统的课程与教

学技能的培训；而面对现阶段《纲要》和《指南》中强调的重视幼儿的生活和经验，让幼儿在活动中、在游戏中发展的理念的落实，很多教师缺乏相应的实践经验和能力，所以，要保障区域活动的有效实施，还需要全面提升教师的专业知识和专业能力，尤其是应对活动课程、游戏课程的实践能力。

3. 幼儿园评价机制的调整

教师的工作受制于幼儿园的评价系统，而幼儿园的评价系统可能又受制于教育行政部门的评价和导向，所以，要真正重视幼儿园的区域活动目标，全面提升区域活动的质量，还需要各级教育行政部门、教研部门和幼儿园管理者转变观念，真正关注幼儿的全面发展，重视评价对幼儿园工作的导向作用，完善评价体系。

4. 避免课程超载和小学化倾向

笔者经常会听到教师抱怨区域活动和游戏没有时间。为什么没有时间呢？因为课程太多了，除了主题课程之外，很多幼儿园又增加了大量的所谓特色课程，如阅读、思维训练、艺术等，结果导致一天有4节课、5节课，再加上饮水、午睡、进餐等生活环节，哪里还有时间开展区域活动？！也难免区域活动会成为应景的临时性活动。所以，要保障区域活动的正常开展，一定要避免幼儿园课程超载现象和小学化倾向。

5. 时间保障

在现阶段的很多幼儿园中，区域活动大多是点缀性质的，一天一个小时都很难保障。在西方国家的很多幼儿园里，幼儿一天的正常活动内容首先是区域自由活动，然后才是生活活动、户外活动和较少的圆圈活动（集体活动），这与我们大多数幼儿园的传统不太相符。我们教师比较习惯的是在一日活动中留出一定的时间作为幼儿自主的区域活动时间，一般为40～60分钟。为保证幼儿的游戏时间和幼儿的健康快乐发展，幼儿园应尽可能减少集体活动时间，增加室内区域活动和室外游戏时间，并在一日作息时间表中呈现出来，作为时间上的保障。

6. 空间保障

幼儿多、空间小的问题是现阶段很多幼儿园教师面对的区域活动困境，因此各个幼儿园在招生时应该根据政策法规的要求，根据自己的具体条件控制招生的人数，避免班额过大导致一系列安全问题、保教质量下滑问题、教师负担过重等问题出现，影响幼儿的身心健康发展。

只有室内有足够的空间面积，才有可能开展丰富多彩的区域活动，才有可能通过区域活动满足幼儿自主性发展的需要，满足幼儿自由游戏、自由交往的愿望。

对于教师来讲，无法扩大班级的空间面积，但可以通过以下办法改善因空间狭窄造成的自主活动不足的现状：一是开展分组活动，把幼儿分为室内和室外两组、上午和下午两组对换；二是把玩具和材料分门别类地存放在整理箱内，同时把箱子摞起来节省空间，活动时再把材料取出，也可以利用班级和走廊共有的空间开展小组活动和自由活动。

7. 玩具、材料保障

玩具、材料是区域活动开展的关键要素，但幼儿园普遍存在玩具、材料不足的问题，所以，在强调幼儿教育科学化的今天，管理者必须转变观念，减少建设豪华幼儿园、豪华设施设备的投入，把更多的资金投入在幼儿的玩具、材料、图书等与幼儿生活和幼儿发展关系最密切的方面。对于确实存在资金困难的幼儿园，教师应该更多地利用自然材料和废旧物品投放到区域，以丰富幼儿区域活动的内容。

8. 家长和全社会幼儿教育价值理念的调整

幼儿教育不单纯是幼儿园的任务，社会各方面都有为儿童成长保驾护航的责任，所以，家长和社会各界都应该转变教育价值观，对幼儿发展有合理的期望值，不给予幼儿过多学业方面的压力，支持幼儿园开展丰富的室外游戏和室内区域活动，让幼儿享受快乐的童年生活。

区域环境创设

第一章 合理的空间布局

将区域空间进行合理的布局是组织开展区域活动的第一步。营造一个什么样的空间环境是教师最先考虑的问题,它决定着区域活动质量的高低乃至活动的成败。从整体的思考设计到每一处具体细节的完美呈现,也是教师面临的最实际的工作任务。那么,如何进行区域空间的整体布局,又如何实现最佳的细节体现,是本章探讨的主要话题。

一、以幼儿为本的区域空间

"以幼儿为本"创设区域空间的理念早已成为幼儿教师的共识。如何在实际工作中体现这一理念,又时常让教师们感到疑惑重重,难以深入。那么,怎样的空间是属于幼儿的空间呢?这样的空间又该具备哪些明显的特征呢?

1. 站在幼儿的立场进行规划和设计

幼儿当前的年龄特点是什么?内在的需要有哪些?现阶段发展的目标是什么?当前关注的问题和活动内容是什么……当教师站在幼儿的立场,从幼儿的心理需要出发,去理清这一系列问题之后,一个属于幼儿的空间便呼之欲出了:它是符合幼儿当前年龄特点的,是满足幼儿内在需要、兴趣和爱好的,是吻合幼儿最近发展区的。

2. 为幼儿所喜爱和留恋

无论是区域的外部结构,还是内部设置,都要能因其足够的"吸引力"而唤醒幼儿的好奇心和好感，呼唤着幼儿参与其中的冲动。如果区域空间的大小是满足幼儿活动需要的；桌椅橱柜的高度是舒适的（参见 GB/T3976 - 2002《学校课桌椅功能尺寸》；材料的摆放是具有吸引力、方便幼儿取放的；游戏类型、游戏材料和伙伴是幼儿自己选择和喜爱的，做什么活动是能自己做主的，幼儿便会饶有兴致地沉浸在其中。

3. 能促进幼儿的全面发展

促进幼儿全面发展是区域设置的根本出发点。在较大的自由度下，幼儿根据自己的能力进行学习，享受学习的乐趣，满足内心的需求，创新的火花也会随之迸发。在自由选择玩伴的过程中，幼儿的同伴交往能力也会逐步得到发展。

二、科学合理的空间分割

空间布局的质量不仅会影响区域活动的有效性，也直接影响着幼儿参与活动的积极性、主动性、专注性和持久性。有研究指出，教室空间的分隔会影响幼儿在区域内活动的效果，还会影响幼儿的社会性交往。因此，无论在哪个年龄阶段、无论班级的空间有多大、无论把活动室分割成几个区域，空间的布局都要遵循科学、合理的原则进行具体规划。

1. 区域的数量与大小要适宜

通常情况下，一个班级的活动室不仅要用来开展区域活动，同时还用来进行集体教育活动和生活活动。因此，班内设置多少个活动区，哪个区域的面积要大一些、哪个区域的面积要小一些，区域活动面积与集体教学活动场地如何协调共存，是教师首先要考虑的实际问题。

区域数量的选择与活动室空间的大小、班级幼儿人数的多少是密切相关的，不能一概而论。空间大的活动室，活动区域自然就可以多设几个；空间小的活动室，数量就得适当减少。每个区域面积的大小应根据区域所承载的活动目标的重要程度、一次进区人数的多少、幼儿在区内的活动频率、活动幅度等指标来具体确定。通常情况下，承担近期重点目标的区域面积比非重点区域的面积要大，以确保重点目标的落实；一次进区人数多的区域面积比人数少的面积要大；幼儿进区率高的区域面积要比进区率低的面积大；活动幅度大的区域比活动幅度小的区域面积要大。这样设置不仅带来活动上的支持，同时兼具空间视觉上的美感，切忌平均用力。

当然，对于区域的数量及每个区域面积的大小，教师可以灵活地根据幼儿的选择不断加以调整。

2．"动区"与"静区"要避免相互影响

区域"动区"和"静区"要有意分开，避免其间的相互干扰。相对安静的阅读区、益智区、美工区宜相邻而设，并与相对热闹的角色区、建构区、表演区隔开一定的距离。

阅读区应该是所有区域中最安静的，并且应有充足的光线，因此，适合靠窗而设，远离表演区、角色区等较为嘈杂的地方；益智区、美工区同为较安静的区域宜相邻或相对而设，既可产生联系又互不影响；建构区较为嘈杂，和其他区域联系不多，可以设置在离其他区域较远一点的地方，如阳台、走廊尽头等相对独立的边角空间，一方面保证了较宽敞、平整的搭建空间，避免幼儿因来回走动破坏搭建的物品，另一方面又保证了搭建活动的连续性，可以将上午没有搭完的东西下午继续搭。

3．开放与封闭程度要有所差异（因需而设）

因教育功能的不同，不同区域对开放与封闭程度的要求也有所差异，教师可以选用玩具橱柜、纸箱、桌椅等做出适当的隔离。一般情况下，表演区、角色区、运动区等"动区"的空间，可以设计成开放或半开放的形式（见图1、图2），有利于幼儿往外延伸活动，保证幼儿有充分活动的空间，也有利于幼儿的区内交往；而阅读区、益智区、美工区等"静区"的空间则需要相对封闭，确保同时开展的各个活动互不影响，不被干扰。比如：表演区最重要的就是为幼儿提供一个宽敞的活动场地以利于幼儿的自主表现，而美工区则让幼儿在相对封闭的空间内，有序地取用材料和工具进行自主创作。

 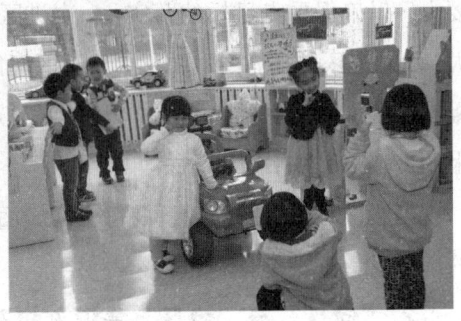

图1　半开放的汽车4S店　　　　图2　半开放的汽车4S店

4. 区域之间要联动

科学、合理的空间布局不仅要有外部结构上的显著体现,更要有区域功能的内部联系,这是开展区域活动的生命力之所在。日常实践中,由于教师对区域活动缺乏系统和深层的理解,常常导致区域设置上的随意性和盲目性。不少教师根据自己的想法和意愿,片面追求区域的外表繁华和表面的热闹,较少考虑内在的教育功能,区域之间缺乏联系,彼此孤立,不仅造成了不必要的财力、物力浪费,更使应有的教育功能被搁浅、被中断。因此,将功能上关系较密切的区域进行相邻或相关的布局规划,使各区域的活动进行有机的联系或融合,从而有效地增强区域间的教育联动,大大提高区域活动的效益。

比如：将自然角与益智区、阅读区、美工区相邻设置,可以将自然角里的观察活动与阅读活动、科学认知、艺术表现有机融合;将美工区与阅读区相邻,可以让阅读区的文学元素和美工区的创意表现互为素材,从而将阅读、创作、审美、讲述等活动有机结合,融为一体。

三、因地制宜,合理布局

由于办园条件存在差异,不同条件的幼儿园在进行区域空间的规划和创建时,还应根据各自的实际情况综合考虑,统筹安排,合理取舍。

如果班级室内空间比较宽敞,可以在集体活动区之外,单独进行区域规划。

如果室内面积有限，可以考虑把材料容易取放、作品摆放灵活的区域（阅读区、美工区等）与集体活动区融为一体，即平时把材料归类摆放到橱柜中，不占用空间；区域活动时，取出材料，布置在集体活动区的桌面或地面上。

如果班级有独立寝室，可以考虑把寝室利用起来，开展区域活动。活动室和寝室正好分割为动静两个大区，再利用两个区的空间、物品进行合理设计。比如有的幼儿园把寝室里固定的床改为活动床，午睡时间把床摆开供幼儿午睡休息，非午睡时间把床集中摆放在寝室一角或一侧，这样就会腾出很大的活动空间，可以设置表演区、角色扮演区或建构区等供幼儿进行活动。

如果室内空间面积仅够集体活动所需，无法固定多个区域，可以分时间段进行自主区域游戏，即平时把玩具材料归类到橱柜中，靠墙边存放，没有区域环境规划，仅有区域材料。在一日活动计划中相对固定的1~2个时间段（每个时间段为40~60分钟），取出玩具材料，分散到每个可以利用的空间，进行区域自主活动。这种活动因为室内空间面积不足、缺乏区域环境布置，不太像区域活动，更像是分组活动，但可以保证幼儿不完全受集体活动的束缚，有机会自主选择材料和玩伴进行游戏和学习。

另外，在门厅、楼梯、走廊等地方，经常会有不属于某个班级的公共空间。如果这些空间较大，也可以考虑利用起来，设置为公共区域（见图3、图4），这样不同班级的幼儿可以错时在公共区域内活动，或有意安排不同班级的幼儿同时在区内活动。

图3　楼梯下面的公共区域

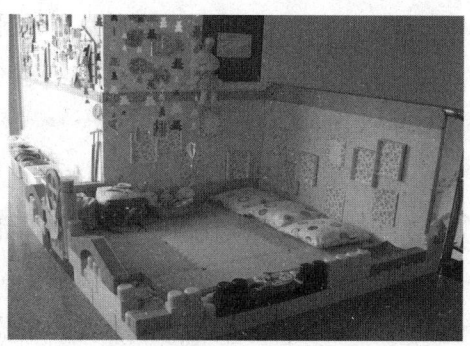

图4　楼梯拐角处的公共空间

四、区域空间规划的要点

区域空间的规划是一个系统工程,不同的办园条件需要考虑的具体问题会有所不同。但是,无论条件如何,布局规划时都要把握好以下几个要点:

(一)整体上和谐有序

一个班级的区域环境是班级教育环境的基本构成。可以肯定的是,一个空间布局、色彩搭配诸方面和谐有序的环境,不仅能带给幼儿视觉上的舒适,更能带给他们心理上的愉悦和轻松,从而引发他们更多主动的、积极的行为。由于幼儿神经系统发育得不完善,导致他们对外界刺激反应强,注意力不集中且不持久,容易受外界因素的影响,因此那些杂乱无章、缺乏美感的环境只会徒增无益的干扰。因此,区域空间整体布局上的和谐有序,是提高区域活动质量的重要基础。

区域空间在整体上是否和谐有序可以根据以下指标进行考量:

1. 色彩的选择要符合幼儿的年龄特点

色彩是人的视觉最敏感的东西,不仅具有象征性,还会让人产生明显的心理感觉,如冷、暖的感觉;进、退的效果等。因此,区域空间色彩的选择、搭配和运用对于空间的整体和谐具有举足轻重的作用。主调的选择是一个决定性的步骤,决定着空间的冷暖、特点和氛围,不同的空间可以采用不同的主色调。教师只有在许多色彩方案中认真仔细地进行鉴别和挑选,才能十分贴切地表现出空间的主题特点。

比较适用于幼儿园区域空间的主色调有蓝色、绿色、黄色和粉色等(见图5)。蓝色能调节身体内的环境平衡,消除紧张情绪,使人在不知不觉中感到优雅和宁静;绿色是和平色,有益消化,能促进身体平衡,对消除疲劳和消极情绪有一定的作用;黄色能刺激神经系统和消化系统,给人轻快、透明、充满希望的印象,让人感觉温暖;粉红色则是大多数女孩子喜欢的颜色,红色与白色相混合,明朗而亮丽,是温柔的最佳诠释。但红色过多会让眼睛负担过重,产生头晕目眩的感觉。此外,橙色容易使幼儿神经系统兴奋,产生过多的活力;咖啡色暗沉的颜色会使孩子性格忧郁;黑色则容易使幼儿疲劳、沮丧。因此,这几种颜色不适于在幼儿园区域空间过多使用。

图5　幼儿园主色调的运用

2. 色彩的搭配和运用要符合色彩的美学原则

人们常说:"没有不美的颜色,只有不美的搭配。"由此可见色彩搭配的重要。说到色彩搭配,我们有必要对色彩的基本常识进行简要的梳理。

我们知道,色彩一般分为无彩色和有彩色两类。无彩色是指由黑色、白色及由黑白混合而成的深浅不同的灰色;有彩色则是指以赤、橙、黄、绿、青、蓝、紫为基本色,按不同比例混合而产生出的千千万万种色彩。色相、明度、纯度是色彩的三要素,人眼所看到的任一彩色光都是这三个要素的综合效果。色相就是色彩的长相,也就是我们直观看到的颜色,是指能够比较确切地表示某种颜色色别的名称,如红色、黄色、蓝色等。色相是色彩彼此之间相互区别的标志,是色彩的最大特征。色彩的明度是指色彩的明暗程度,各种有色物体由于它们反射光量的区别而产生颜色的明暗强弱。色彩的明度有两种情况:一是同一色相不同明度,二是各种颜色的不同明度。明度的变化可以表现事物的立体感和远近感。色彩的纯度是指色彩的纯净程度,也可以说是色相的饱和程度。它表示颜色中所含有色成分的比例,比例越大,色彩的纯度越大;比例越小,纯度也越小。

有了对色彩的基本了解,我们再来看区域空间的色彩搭配。主色调一经确定,选择和使用什么颜色与之相配又是一个关键问题。通常情况下,同一空间中色彩的种类以不超过三种为宜,搭配的原则是"总体协调,局部对比",常用的配色方法有色调配色、近似配色、渐进配色、对比配色、单重点配色、分隔式配色等。色调配色是指将具有某种相同性质(冷暖调、明度、艳度)的色调搭配在一起,如同等明度的红、黄、蓝的搭配;近似配色是指将相邻或相近的色相进行搭配,在色相上既有共性又有变化,容易取得稳定而统一的感觉,如黄色、橙黄色、橙色的组合,紫配绿、紫配橙、绿配橙等;渐进配色是指按色相、明度、纯度三要素之一的程度高低依次排列,取得沉稳而醒目的视觉效果;对比配色是指用色相、明度、纯度的反差进行搭配,形成鲜明的视觉对比,有一种"相映"或"相拒"的力量使之平衡,产生对比调和感,如红配绿、黄配紫、蓝配橙等;单重点配色是指让两种颜色在面积上形成大的反差,造成"万绿丛中一点红"的视觉效果;如果两种颜色比较接近,看上去不分明,可以用对比色加在这两种颜色之间,增加强度,整体效果就会很协调了,最简单的加入色是无彩色或米色等中性色。这是分隔式配色带给我们的视觉效果。

总之,无论多少种颜色相配,在色相、明度、纯度这三个色彩要素中,只要围绕其中的同一个要素进行搭配,就可以得到协调的效果。

3. 色彩的施色部位及其比例分配至关重要

一般情况下,主色调应占有较大的比例,并贯穿整个区域空间,与主色调搭配的次色调应占较小的比例。(见图6)此外,不同的色调会给人带来不同的感觉和心理感受,因此应结合活动空间的作用灵活调整。比如,红色过多会让眼睛负担过重,产生头晕目眩的感觉,不能长时间作为空间的主色调;橙色是生气勃勃、充满活力的颜色,用在寝室不容易使幼儿安静下来,不利于睡眠休息；长时间接触高纯度黄色，会让人产生慵懒的感觉，减慢思考的速度，所以不适宜用在阅读区。

图6　荷塘创意

4. 材料的质地、造型和空间结构方式在统一中又富有变化

在新材料琳琅满目、层出不穷的今天，组建区域的材料也日趋丰富，木质类、塑料类、壁纸类、布类、纺织类等多种材料得到广泛运用。当把不同质地的材料运用在同一区域中时，要根据质地的不同，选择相适宜的造型和结构方式，达到统一中富有变化的整体效果。比如木质材料比较坚固耐用，适宜进行方形、圆形等有规则的造型处理，结构方式以简单的平铺为主，兼顾高低、疏密的错落有致，常作为区域墙面板块的底板，循环往复地呈现幼儿的作品、创意等。

图7　袋袋妙妙屋

托班主题区域的"袋袋妙妙屋"环境（见图7），是从"袋袋乐"主题活动中延伸出来的区角活动，其目的是让托班幼儿感知袋子与大球、小球的关系。在投放材料的过程中，教师突出了袋子的粗细和长短变化，并用棉

布、绒布、毛巾布、帆布、塑封膜等增加了袋子质地的变化,用相同的悬垂方式呈现出来,保持了整体环境的统一。

5. 地面、墙面、立体空间之间要产生呼应

无论是班级的整体空间,还是每一个小的区域空间,其地面、墙面及所拥有的立体空间之间,只有在材料的形体、布局结构及色彩层次上形成巧妙的呼应和自然的过渡,才能取得和谐有序的效果。

在一个表演区中(见图8),教师抓住了墙面(窗户)和屋顶两个空间位置,运用麻绳、竹帘和草帽材质的统一营造了一种田园氛围,圆形草帽上颜色的变化弥补了田园风格中的单调;麻绳的错落垂吊降低了屋顶的高度,增加了区内的密度,并与平铺的草帽形成了空间的连接;垂在麻绳下方的方形照片与圆形的草帽产生形状上的变化,突出了孩子们的活动表现,发挥着示范和引导作用。

图8 表演区的空间设计

6. 分区、隔断、装饰与房屋建筑的风格、特点一致

不同园所的建筑设施,不仅建筑空间的大小有所不同,建筑风格也会各有所异。因此,区域空间的构建要能使各区域在空间位置、空间大小、空间的色彩搭配、陈列装饰等方面与建筑特点、建筑风格协调一致,与建筑空间的功能属性和谐一致。比如在面积较大的活动室里,一般会使用承重横梁或立柱,但常会给人带来压抑或受阻不畅的感觉,如果用绳线或丝纱在横梁上悬垂或以立柱为中心设立区域(见图9),不仅消除了原有空间带给人的不适感,还会形成富有层次和变化的多维空间,收到意想不到的效果。

图9　横梁下的垂吊

(二)动态变化

一个班级的区域环境一经确定,各区域的空间位置一般会趋于相对稳定。如"娃娃家"是一个常设的区角,它的位置应该是相对固定的。但是,由于幼儿的兴趣和需要总是在不断变化的,当他们对某一区域的活动失去兴趣时,就会产生新的想法,继而希望开设新的区域。因此,区域空间的设置要根据幼儿的兴趣和需要,尊重幼儿的活动意愿,及时变换或增设新的活动区域。另外,随着主题活动进程的变化,与之相关的某些区域也需要进行调整以适应新的主题的开展;季节的变化、幼儿能力的发展等因素也会对区域的设置提出新的要求,教师要有发展变化的眼光,紧密结合当前需要做出相应的调整。

在角色区的"典当行"游戏中,孩子们发现用自己的作品当来的金钱无处存放,通过小组讨论他们创设出了"银行"区角。从"银行"里取出的金钱无处消费,根据主题"什么联系你我他"的活动内容,在教师引导下孩子们又讨论生成了给好朋友寄信的"邮局"区角。为了参与"典当行"和"邮局"的游戏，孩子们就在美术区和主题区制作各种特色作品，争取能在"典当行"估个好价格或是在"邮局"给好朋友寄一份惊喜。"银行"的职员为了能更好地记录存取款的明细，又自制了存折。就这样，由"典当行"引发的需求不断变化，孩子们也在老师的引导下不断创设新的区角，班级区域环境呈现出动态性和变化性。

（三）安全卫生

无论是相对固定的区域，还是经常有所变化调整的区域，保证幼儿在其间的活动安全都是最基本的要求。阅读区、益智区、美工区的光线要充足明亮；表演区、建构区的音量要大小适中；橱柜的高度、透明度，要以幼儿的活动情况保持在教师的视线之内为宜；叠高的材料要稳固，悬垂的材料宜轻盈；封闭的空间要保持空气的畅通；沙水区宜靠近水源，便于为沙池、水池加水，便于幼儿洗手和收拾、整理、清洁材料等。在装修材料日趋丰富的今天，选择对幼儿无害的环保材料投放到各个区域中，应引起教师特别的重视。

第二章 区域材料的选择与投放

规划好区域活动的空间,教师就要开始考虑区域活动的材料问题。对教师来说,材料是教育目标和教育内容的物化体现;对幼儿来说,材料是主动建构经验和认识周围世界的中介和桥梁。材料的合理选择和投放是开展区域活动的前提和保障,教师要认识材料、研究材料、分析材料,才能减少材料投放的盲目性,保障区域活动的有效开展。

一、活动区材料分析

创设区域环境,需要教师搜集和投放各种各样的材料。然而笔者发现,很多班级的区域材料看似很丰富,但实际上只是一种简单的罗列和堆积,幼儿不能与材料产生有效的互动,生发多种活动。这是因为教师普遍缺乏对材料进行分析和把握的意识和能力。区域活动的材料有哪些?它们的特点是什么?如何分析材料的价值?这是材料投放之前必须澄清的重要问题。

(一)材料的类别

活动区的材料很多,也较复杂,一般来讲,可以进行如下划分:

1. 根据材料的功能进行的分类

从材料的功能看,可以分为:

(1)主体材料,即支撑某个区域幼儿活动时需要的主要材料,如建构区的积木、阅读区的图书、娃娃家的娃娃等。

(2) 辅助材料，即对区域活动起辅助作用，能够使活动更加丰富、完善的材料，如建构区的动物玩具、汽车模型等。

(3) 工具。幼儿的很多探究活动和操作活动都离不开相应的工具，比如种植区的小铲子、水壶，美工区的剪刀、胶带，等等。

2. 根据材料的性质进行的分类

从材料的性质看，可以分为：

(1) 成品材料，是指教师为幼儿准备好的现成的、不需要幼儿再加工就可以直接使用的材料，如科学区的磁铁、镜子，益智区的拼图、七巧板，建构区的积木、插塑等。

(2) 半成品材料，是指教师有意识地进行简单加工后的材料，这样的材料可以降低操作的难度，让幼儿更容易获得成功。比如小班美工区教师提供的画好苹果的涂色纸、画好线条让幼儿用剪刀练习剪的操作纸等。

(3) 自然材料，是指不经任何加工的原始材料，如各种绳子、纸盒、果核等。这些材料可以让幼儿任意组合，可以有很多不同的用途，有利于幼儿发挥想象自由创作。

3. 根据材料的结构进行的分类

从材料的结构看，可以分为：

(1) 高结构材料，是指有固定的结构和相对固定的玩法和规则的一类材料，如益智区的棋、拼图，数学区一一对应的操作卡等。

(2) 低结构材料，是指较少规定玩法和规则，幼儿可以比较灵活地操作的材料。比如建构区的各种积木和插塑，孩子可以自由地拼搭；美工区里的各种绳子、盒子等，幼儿可以任意组合，进行装饰。

（二）材料价值的分析

笔者见到过一个名叫"农家小屋"的区域，教师在里面摆上了绿豆、芸豆、大米、小米、南瓜、葫芦、玉米等农产品，并在每种材料下面都贴上了标签，孩子们进入区域后只能看看、摸摸，无法再进一步操作，所以该区域很快就无人问津了。还有的教师带的幼儿升了班，创设的区域、投放的材料却没有任何改变，导致材料缺乏挑战性，像从小班保留到大班的软布大沙包等材料，只能沦为摆设。造成这种情况的原因就是教师缺乏材料价值分析的意识和能力。为避免在材料投放方面过于随意和盲目现象的发生，教师应该注意：

1. 要有分析材料价值的意识

教师拿到材料后，不要急于投放，而应充分考虑材料自身拥有的典型价值和延展价值，以及适合投放的区域、投放的方式，从而减少材料投放的盲目性。

2. 要有分析材料价值的能力

这一能力包括对材料本身价值的把握和对幼儿年龄段特征的把握两个方面，关键是要做到材料特点与年龄段的匹配。

（1）对材料本身价值的把握：活动区的材料非常丰富，各有特点，缺乏经验的教师可能会对材料本身缺乏应有的认识，不具备分析的能力，这就需要幼儿园经常组织全体教师进行研究，分析并开发材料的价值，让材料物尽其用。

易拉罐，在户外游戏中，幼儿经常会用它滚着玩，或者把几个捆在一起做"梅花桩"，或者当"高跷"，或者把几个易拉罐排成一排，用球击倒，像玩保龄球一样……若把易拉罐投放到室内，和什么材料一起投放呢？投放到什么区？可能引发幼儿什么活动？这种活动是否是这个年龄段幼儿的兴趣所在？可能对幼儿的发展产生什么样的影响……这就是教师需要下功夫琢磨的，这也体现了教师对材料进行分析的意识和能力。比如，可以把易拉罐投放到建构区，方便小班的幼儿玩摞高游戏，比赛谁摞得最高，并数一数有几个罐子。中、大班的幼儿可以在建构区利用易拉罐做桥墩搭建立交桥等；可以在易拉罐内装大小不同的沙粒（或豆子等物），然后投放到科学区，让幼儿探索声音；可以投放到表演区，做成沙锤，让幼儿进行打击乐演奏……

（2）材料玩法与幼儿的发展水平吻合：不同年龄段的幼儿需要的材料会有

所不同，同时，相同的材料在不同的年龄段用法也不同。教师应熟练把握各年龄段幼儿的特点，为其投放适宜的材料，或结合幼儿特点挖掘材料的多种玩法。

比如建构区的积木，针对不同年龄段的幼儿，在投放的数量和种类上是不同的；而扑克牌，却在小、中、大班都可以投放，只不过玩法不同：小班幼儿可以只限于认识数字，根据一种特征进行简单分类；中班幼儿可以进行排序，比较10以内数的大小；大班幼儿则可以有更复杂的玩法，像运用分解组合知识玩凑数游戏、比多少的游戏等，也可以自制牌面玩游戏。

3. 要认识材料价值分析的过程

材料的价值分析是一个动态的过程，伴随区域活动整个过程。这个过程包括分析材料特点—分析可能引发的活动—与其他材料组合，投放到相应区域—观察幼儿活动，开发更多玩法—调整材料组合或投放位置，引发新的活动—观察幼儿活动……这样一个动态的、循环往复的过程。

教师搜集了材料，首先要去分析材料的特点，以及材料可能引发的活动。比如教师手边有一些废旧的纸杯和纸盒，这些材料是纸质的，可以剪、粘、组合、垒高等，那么就可以考虑把它们投放到美工区、建构区，也可以投放到生活训练区。搜集来的石块、小石子、沙子等材料，大小不同，数量不一，幼儿可能会用它们作画、筛沙、分类、涂色等，那么教师就可以把它们投放到美工区、科学区、数学区等相关区域。

在材料投放的过程中，还可以增加辅助材料，或者与其他材料组合，再投放到相应的区域。比如，把纸杯和糖、盐等材料组合，就可以投放到科学区，让幼儿做水的溶解的实验；把纸杯放到沙池里，孩子就有可能把它们作为盛沙的工具。如果增加冰糕棒、剪刀、牙签等辅助材料，纸杯就有可能在美工区成为制作立体玩具的材料。

教师将材料投放到相应的区域后，要善于观察幼儿的活动，引导幼儿开发出更多的玩法，挖掘材料更多的价值。很多时候，幼儿操作使用材料时会带给教师大大的惊喜，而教师在投放材料时远远想不到幼儿会有那么多创意的玩法。

当教师发现幼儿有价值的操作后，要善于巧妙介入，将幼儿的玩法引向深入，挖掘材料更大的价值。

教师在娃娃家投放了一部小电话后，发现孩子在玩娃娃家时，除了给外出的"爸爸"、"妈妈"或者爷爷奶奶打电话以外，还有孩子给"医院"打起了电话："是医院吗？我的宝宝生病了，还发烧，能不能给我们看一看呀？"

教师发现后，及时提醒小医院的"医生们"到娃娃家出诊，使两个区域的活动产生了有机的联系，并将游戏内容引向深入，孩子们玩得也更加投入了。

根据幼儿的活动情况，教师可以及时调整材料的组合或位置关系，引发幼儿新的活动。

本来在进行"好玩的石头"这个主题时，教师请家长协助搜集了各种各样的石头，投放到科学区让孩子们了解石头的性质。一段时间后，教师发现孩子们已经对这些石头失去了兴趣，就及时将它们投放到美工区，孩子们立刻又来了兴致，将这些石头当做了作画的工具。通过使用油画棒、各种颜料，将一块块石头变成了艺术作品。

搜集来的易拉罐，最初教师在里面装上豆子、沙子等材料，然后把它们放在音乐区做打击乐器。一段时间后，教师带领孩子们将一个个易拉罐组合在一起，变成了体育区的"梅花桩"；过了一段时间，再次改变一下，又将这些易拉罐组合变成了举重用的杠铃。一些看似简单的材料，就这样在教师的匠心巧手中一次次变身，成为不断吸引孩子的新材料。

在新的活动中，教师仍然要观察幼儿的活动情况，及时补充、调整、增删材料，以将幼儿的活动引向深入，让幼儿的兴趣持续保持。对材料价值的分析就这样贯穿于区域活动的始终。

二、投放适宜的材料

投放适宜的材料是引发幼儿有效活动的重要条件。那么,什么样的材料才是适宜的?这些材料从哪里来?下面我们就一起来分析这个问题。

(一)什么是适宜的材料

所谓适宜的材料,是指材料要与幼儿的年龄特点、思维特点、兴趣爱好、发展水平相适宜,能引发幼儿高效的活动、积极的发展。比如,小班的幼儿以具体形象思维为主,小肌肉发展不够协调,注意力容易转移,所以教师投放的材料应该大小适宜、颜色鲜艳、形象生动逼真,有一定的趣味性,手感要柔软舒适。成品和半成品材料可以多一些,同种材料的数量也可以多一些。中、大班幼儿逐步从具体形象性思维向抽象逻辑思维过渡,规则意识逐步增强,与同伴交往的能力也有了进一步发展,因此教师提供的材料要逐步增加挑战性,有一定的规则;同时,自然材料可以多一些,更富有变化和创造性。材料的种类增多,但同种材料的数量可以减少。

(二)如何获得适宜的材料

很多教师困惑,每个班有那么多区域,需要的材料那么多,这些材料从哪里来呢?

1. 购买

有些材料是需要幼儿园出资购买的,如建构区的各种积木、插塑玩具,美工区的颜料、调色盘,益智区的拼图、棋类等。但是,活动区的材料与玩具不同,教师需要经过二次选择和再加工,才能把买来的玩具变成"材料"。比如教师把买来的雪花片分成十个一组,让幼儿练习分类、数数;把颜料用一定的容器分类盛放,这样才能使玩具或教具成为活动区的材料。

2. 教师、幼儿共同收集

区域里的很多材料，教师可以在带领幼儿活动的过程中与幼儿共同收集。比如，可以把幼儿吃过的水果核收集起来，做分类、数数用的材料；秋天时捡拾各种落叶、小树枝等，做美工区的材料（见图10）；教师装饰环境剩余的边角料，如小块的即时贴、海绵纸、色卡纸等，也可以收集起来做美工区的粘贴材料。

图10　树叶粘贴

3. 请家长帮助收集

教师要积极与家长沟通，请家长将家里不用的废旧物品带到幼儿园，如纸箱、牙膏盒、化妆品盒、衬衣盒等各种物品的包装盒，各种用旧的花布，各种绳子、瓶子等。这些废旧物品经过教师的分类整理和加工，可以变成区域里的丰富材料（见图11、图12）。

图11　纸箱做的厨房操作台

图12　自制饮水机

4. 教师与幼儿共同制作

小班的材料以教师制作为主，到了中、大班，随着幼儿能力的不断提高，也可以让幼儿参与制作。比如数学区里练习分解组合的材料，益智区里的益智棋（见图13、图14），生活训练区里扣扣子的布制玩具等。

图 13　玩自制棋

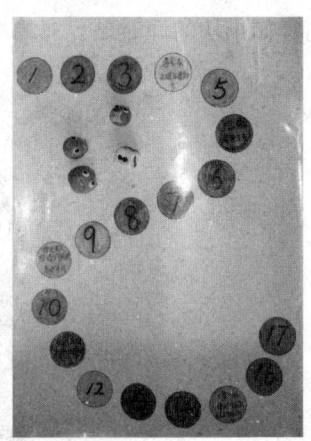

图 14　自制棋

（三）材料的分类和整理

正因为区域材料的种类、数量繁多，因此不管是什么区域，投放的材料有一个共同的要求，就是分类清楚、有序摆放。否则，幼儿活动一段时间后，材料就会存在丢失、混乱等问题，加大教师的工作量，同时不利于幼儿活动常规的养成。

1. 根据材料的用途、性质等进行分类，并用较固定的容器盛放

对搜集来的材料，教师要先把它们按照用途进行粗略的分类，然后再根据它们的大小、形状等分别存放到相对固定的容器中（见图15）。比如对于美工区里的材料，可以按照纸张、颜料、画笔等进行分类；对于建构区里的纸盒等材料，可以根据大小、形状等进行分类；对于小班生活训练区的材料，可以按照顺序把近似的操作材料放在同一个或同一层橱子上。像倒的练习材料和舀的练习材料，可以放在一层，剪的和折的材料可以放在一层。对于同类的材料，

可以盛放在同样的、做有标记的篮子、箱子里（见图16），看上去既整齐美观，又方便幼儿物归原处。

图15　材料的分类整理　　　　　图16　分类摆放易取用

2. 利用标记符号，帮助幼儿进行活动后的材料整理

材料的分类存放是有序整理材料的基础。教师将繁杂的材料进行分类后，可以将物品摆放的位置利用一一对应的小标志进行固定。比如，在盛放倒的材料的托盘上贴上一个红色的三角形，放托盘的橱子相应的位置也贴一个红色的三角形，幼儿操作完毕后，就可以很容易地找到材料原来摆放的位置，把材料放回原位。这会大大减少教师整理材料的工作量，又培养了幼儿良好的习惯和常规，是一举两得的事情。

三、有层次地投放材料

每个年龄段的幼儿能力水平不同，同年龄段的不同幼儿能力水平也不相同，因此，教师投放的材料首先要适合本年龄段幼儿的普遍水平，又要兼顾同年龄段幼儿发展的不同层次，不能都简单，也不能都复杂，要为不同水平的幼儿提供活动的机会和成功的条件。也就是说，教师要投放适合各年龄段幼儿最近发展区的活动材料。

1. 为不同年龄段的幼儿投放材料的层次

各年龄段幼儿的发展水平不同、思维特点不同，自然对区域材料和操作的要求不同，所以，教师在投放材料时应该体现出不同的层次。

拼图材料：一般情况下小班的拼图可以有5～12块，中班可以增加到12～24块，大班可以增加到24～36块甚至更多，拼图的底色也可以由简单到复杂。

建构区的积木：小班以多彩的、形状较简单的软积木为主，数量几十块；中、大班则需要投放木质的、形状更复杂的积木，数量也会增加到上百块甚至几百块。除了积木，还需要增加插塑玩具、易拉罐、纸板、木板、纸盒等辅助材料，以利于幼儿建构更丰富的物体形象。

科学区的记录纸：小班可以由教师设计好表格，画好实验的材料，幼儿只需做简单的标记（印章）；到了中、大班，教师可以只提供白纸或空白的表格，让幼儿学习用自己的方式进行记录。

2．为相同年龄段不同发展水平的幼儿投放材料的层次

面对相同年龄段不同发展水平的幼儿，教师投放的材料也要有不同的层次，以利于所有的幼儿都能在自己的水平上得到发展。

投放到美工区的剪纸材料：对于能力较弱的、刚开始学习用剪刀的幼儿，可以提供画好短线的纸，让幼儿练习一刀剪断，要求相对较低；对于能力较强的幼儿，可以提供线段长一些的练习纸，让幼儿练习连续剪，要求又有所提高；对于能力更强的幼儿，可以提供画有曲线的练习纸，让幼儿练习沿曲线剪。曲线可以由简单到复杂，图案可以由大到小。

投放到生活练习区的练习夹东西的材料：对能力较弱、手眼协调能力较差的幼儿，可以让他们用塑料夹子给小动物夹胡须，还可以提供加馒头的夹子让孩子练习夹乒乓球；对于能力较强的幼儿，教师可以稍微提高一点难度，提供的夹子可以小一些，夹的物品也可以小一些；再提高一点难度，可以提供筷子和用软布做的布包让孩子练习用筷子。这些材料在同一个年龄段可以同时出现，

以满足不同发展水平幼儿选择的需要。

教师还可以把同一个区域里不同难易程度的材料,放到不同的筐子或架子上,贴上不同的标志,如一星级材料、二星级材料、三星级材料等(见图17),供幼儿自主选择。

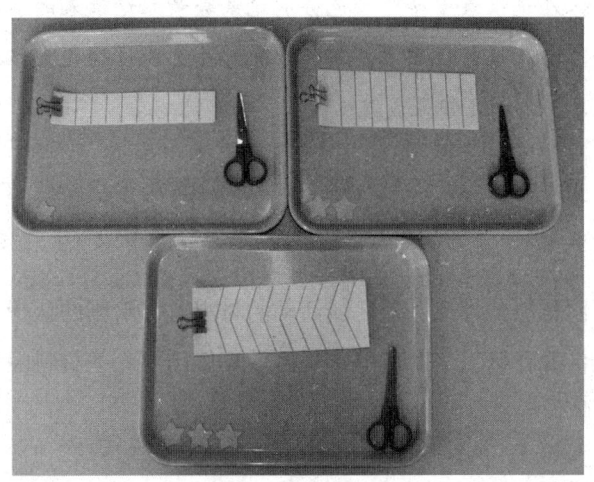

图17 星级材料

投放的区域材料如果有了不同的挑战性,就可以给幼儿更多的选择余地,让每一个幼儿都能在适宜的环境中体验成功、获得发展。

3. 相同的材料幼儿操作熟练后,难度层次的提高

增加材料的层次性,还可以不断地对原有材料进行抽取或添加,适时增强材料对幼儿的挑战。这既是对原有材料的提升和创新,同时,又意味着有新的任务吸引幼儿。

在数学区投放的扑克牌材料中,在原来的按照不同花色分类、比较大小牌的任务基础上,教师可以随意抽取一张或几张牌,引导幼儿发现少了哪一张或哪几张牌,并自己想办法添补完整;还可以添加上某几张牌,让幼儿找出问题。这就对幼儿提出了更大的挑战,而且体现了数学区与美工区之间的互动,更好

地利用了原有材料。

在小班数学区投放的分类材料中，教师原本只是请幼儿按颜色进行分类和数数。随着时间的推移，材料对幼儿不再具有挑战性，幼儿兴趣减弱，教师这时可以提高难度，要求幼儿将分类与计数结合，即添加一份记录表，请幼儿将每次抓出的物体在记录表中按照颜色分别记录数量。记录表的添加增强了该材料的目的性和可操作性，提高了任务的难度，并且能使幼儿直接看到自己在操作材料时的成果，给幼儿带来成就感。

四、各区域常规材料

分析了不同材料的性质，对区域活动的材料有了清晰的认识以后，我们来分析一下，生活操作区、美工区等常规区域具体需要哪些材料呢？希望我们的介绍能够给老师们提供一些参考。

(一) 生活操作区

托班、小班的幼儿入园之初，普遍存在自理能力较差的问题，因此教师创设生活操作区，并投放丰富的操作材料，可以训练幼儿的手眼协调能力和自我服务能力，发展幼儿手部小肌肉的精细动作。当然，进入中、大班以后，一些较难的操作练习如编织活动等也可以继续开展。

在生活操作区，幼儿主要开展抓、夹、舀、倒、串、扣扣子、编织、刺绣等与生活自理有关的活动。因为该区域的材料相对比较零散，因此教师最好用一个托盘或筐子专门盛放每种练习的材料，以方便幼儿学习自己取放材料，养成良好的区域活动常规。

1. 抓的练习

教师可以借鉴蒙台梭利日常训练中的操作，培养幼儿从练习五指抓到三指抓再到二指抓，逐步提高练习的难度。抓的物品也应该从大到小，从粗放到精细。比如针对五指抓，可以提供大一些的乒乓球、玻璃球等；针对三指抓，可以提供带把的木制跳棋，自制的带把的音筒等；针对二指抓，可以提供豆子、花生等小颗粒的材料。每个托盘中放两个小碗，其中一个用于盛放材料，一个是空的，供幼儿将材料抓过来存放。

2. 夹的练习

最初可以为幼儿提供夹馒头的夹子，让幼儿练习夹乒乓球（见图18）。在幼儿熟练掌握后，可以换成小一些的夹子练习夹小一些的物品，还可以把夹子换成筷子，夹软布包等较易操作的材料；中、大班以后，可以提高难度让幼儿用筷子夹玻璃球等较难夹起的物品。在托、小班，为了增加活动的趣味性，教师还可以画一些小猫、螃蟹、刺猬等动物形象，让幼儿用夹衣服的夹子给小猫夹胡子、给螃蟹夹八只脚、给刺猬身上夹上刺等（见图19）。

图18 夹乒乓球

图19 夹小猫和螃蟹

3. 舀的练习

有经验的教师会发现，有些刚入园的幼儿甚至不会用小勺舀东西，因此，在生活操作区开展舀的练习对初入园的幼儿就很有必要。教师可以投放大一些的勺子和乒乓球、玻璃球、大米、小米等材料，让幼儿练习舀东西的技能。

4. 倒的练习

对于刚入园的幼儿来说，把一些东西倒进容器里也是有难度的，而且教师投放了相应的练习材料后，会发现幼儿很喜欢玩这种"倒的游戏"，许多幼儿倒来倒去，乐此不疲。教师最初可以投放颗粒大一些的豆子、果仁、大米等物品，让幼儿在两个碗之间倒来倒去,熟练后可以换成水等液体,容器也可以改为小口的瓶子;到了中、大班还可以增加难度,让幼儿将茶壶里的水倒进每个茶碗,这也是很不错的练习。

5. 串的练习

最初教师可以为幼儿提供颗粒和穿孔都较大的珠子练习串的技能,随着年龄的增长,珠子可以越来越小以增加操作的难度。教师还可以结合烧烤店等游戏,让幼儿用海绵等材料练习串"羊肉串"(见图20)、串"海鲜"(见图21);结合娃娃家的游戏,给妈妈串"项链"等,以增加操作的趣味性。串的材料除了购买的塑料的或者木质的珠子外,还可以是教师自制的材料,如将吸管剪成短短的一截让幼儿串起来也不错(见图22)。

图20 串肉串

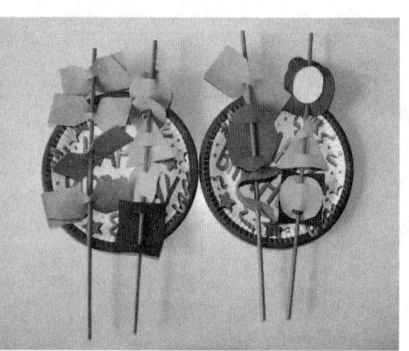
图21 串海鲜

图22 串吸管

6. 扣扣子的练习

　　托、小班幼儿自我服务方面很重要的一点是要学习自己穿衣服，而穿衣服时很多孩子会被扣扣子难住，那么在让幼儿练习穿衣之前，教师可以在区域里投放扣扣子的练习材料，逐步帮助幼儿解决穿衣的难点问题。幼儿衣服上的扣子大概可以分为按扣、粘扣、带扣眼的纽扣等几种类型。教师可以用布做一些简单的小衣服，上面缝上各种扣子让幼儿练习；也可以用布缝制一些香蕉、西瓜等，香蕉之间或者西瓜之间用扣子连接，扣上扣子就是一串香蕉、一瓣西瓜（见图23、图24）等，因为这些材料生动有趣，幼儿会很喜欢操作。到了大班，还可以增加系鞋带、打蝴蝶结的练习活动。

图23　扣香蕉

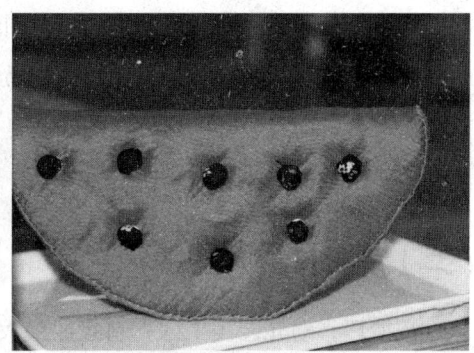
图24　扣西瓜

7. 编织的练习

　　到了中、大班，教师可以提供一些材料让幼儿练习编织，这对训练幼儿的专注力及做事的条理性非常有好处。教师可以把彩纸、广告纸等裁成一条一条让幼儿练习（见图25），还可以提供包装袋、玉米皮等自然材料让幼儿练习（见图26）。

图 25　盛开的向日葵　　　　图 26　编织的成品

8. 刺绣的练习

中、大班的幼儿练习刺绣同样可以训练专注力，培养做事的条理性和耐心。近些年非常流行的十字绣，是比较简单易学的。当然，教师提供的布要小一些，针要大一些，而且教师一定要培养幼儿良好的常规，教会幼儿正确地使用绣针，避免安全事故的发生。

（二）美工区

现阶段，幼儿园美工区材料投放最大的问题就是材料单一，简笔画成为幼儿在美工区的主要活动。其实，美工区的活动可以分为绘画、泥工、纸工、立体塑造、拓印等，其投放的材料应该是多元的，以利于幼儿开展丰富多样的美工活动，获得多彩的生活体验。

1. 绘画

幼儿绘画的工具和材料包括各种画纸或自然物、画笔、颜料等。画纸可以是绘图纸、打印纸、色卡纸、刮画纸、宣纸、报纸等各种纸张，还可以用各种瓶子、纸盘、石头等废旧材料或自然材料作画。画笔除了传统的水彩笔、油画棒、毛笔外，还可以有粉笔、棉签、刮画棒等。幼儿作画用的颜料多为水粉颜料，可以用调色盘盛放，也可以由教师兑好后用废旧洗手液、发胶瓶子盛放，幼儿用起来不容易撒掉，还很方便取放。

2. 泥工

开展泥工活动时，幼儿可以用橡皮泥、黏土、软陶泥等购买的材料，也可以就地取材，从户外找一些土自制玩泥的泥巴，或者用自制的面团做材料。另外，教师还应该提供一些牙签、冰糕棒、塑料刀、模具等辅助材料。

3. 纸工

托、小班的纸工活动主要包括撕纸、团纸、粘贴等。教师可以为小班幼儿提供较易操作的废报纸、皱纹纸、蜡光纸、挂历纸等，也可以提供各种豆类、蛋壳、果壳、毛线等材料，以及固体胶、胶水、浆糊等用于粘贴。中、大班幼儿以折纸、剪纸等活动为主，因此教师应提供图画纸、废报纸、彩纸、卡纸、蜡光纸、废旧画报、剪刀等材料。剪刀的存放对保证安全很重要，教师可以在纸盒上打一些小洞，把剪刀尖朝下插在里面摆放。

4. 立体塑造

教师可以提供牙膏盒、纸杯、各种瓶子、固体胶、透明胶、双面胶、乳胶等材料，让幼儿利用它们制作立体的物品，如瓶子娃娃、小汽车、楼房、菊花灯等（见图27）。

图27 瓶子娃娃等立体作品

5. 拓印

托、小班的幼儿可以拓印自己的小手、小脚，然后加以适当的添画就会成为非常有趣的作品（见图28）；还可以利用蔬菜和水果的横切面、树叶等进行拓印（见图29）；再拓宽范围，会发现生活中的很多东西都可以用来拓印，如各种底面的鞋子、大小不同的包、各种盒子、玩具汽车的车轮（见图30）等。教师如果引导幼儿将拓印出来的形状加以想象进行添画，会让画面丰富美观、富有创造性。拓印用的颜料多为水粉颜料，纸张要厚实吸水。

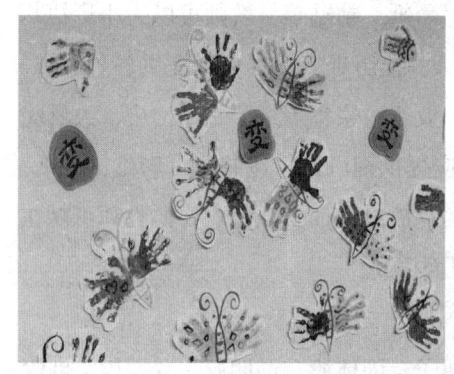

图28　小手拓印　　　　图29　树叶拓印

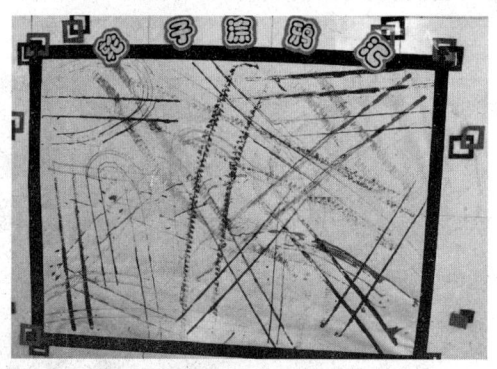

图30　车轮拓印

（三）表演区

表演区的活动主要包括音乐歌舞表演、故事表演、装扮活动等几种形式，所需材料如下：

1. 音乐歌舞表演

教师要提供放音设备、表演用的音乐、各种表演服装、头饰、话筒、道具、背景等材料，场地要相对宽敞。

2. 故事表演

故事表演需要故事书或者大一些的故事挂图，帮助幼儿记忆故事情节；故事中主要角色的头饰、胸饰、木偶、服装；故事的背景、道具等。

3. 装扮活动

教师可以提供各种富有特色的服装、头饰、纱巾、首饰、镜子等材料，也可以提供报纸、塑料袋等物品让幼儿自制演出服装，满足幼儿装扮活动的需要。（见图31、图32）

图31　自制表演服装

图32　快乐的表演

（四）建构区

进行立体建构活动的常规材料，托、小班适合选用海绵彩色中型积木以及各种插塑玩具（见图33），包括插接类、镶嵌类、旋接类、叠接类等；中、大班适合选用木质本色中型积木（见图34）。为了丰富建构区的材料，教师还可以和幼儿一起收集鞋盒、衬衣盒、肥皂盒、牙膏盒、牛奶盒、酒盒、烟盒等包装纸盒和各种易拉罐；还可以提供大小宽窄不一的板材，如纸板、木板、塑料板、有机玻璃板等。

教师还应根据幼儿搭建的主题以及搭建后角色游戏的需要，不断地提供相应的辅助材料。一般经常用到的辅助材料主要有：

(1) 人物模型：家庭成员及各行各业的人物角色。

(2) 动物模型：各种宠物、农场及动物园里的动物、新奇有趣的动物（恐龙、海底动物、卡通动物）。

(3) 各种交通工具和交通标志模型：各类汽车、飞机、火车、轮船、岗楼、分道线、禁止通行标志、信号灯、人行横道线。

(4) 花草树木：盆花、花坛、草地、树木。

(5) 家庭用品：家具、家用电器、餐具、茶具等。

(6) 其他可拼插组合物体的玩具。

图33 托、小班建构材料　　图34 中、大班本色积木及辅助材料

（五）角色游戏区

幼儿园的角色游戏区一般包括娃娃家、餐厅、超市、医院、银行等，凡是生活中幼儿接触到、了解到的活动，幼儿都可以进行角色扮演。下面就幼儿园常见的几种角色游戏区进行简单的介绍。

1. 娃娃家

娃娃家中首先要有娃娃和孩子喜欢的各种玩具；然后是小号的家具和家用电器，如小床、桌子、椅子、电视机、饮水机等。教师还可以提供小厨房里的炊具、娃娃的食物，让幼儿"做饭"；提供娃娃的衣服，让幼儿给娃娃穿衣服；提供图书，让扮演爸爸妈妈的幼儿陪自己的孩子读书等。新生班级的娃娃家可以材料简单一些，但要多设几个娃娃家，以便满足幼儿"找妈妈"的需要；随着年龄的增长，娃娃家的材料也可以不断丰富。（见图35）

图35 娃娃家

2. 餐厅

提供餐厅工作人员的服饰，如服务员、厨师戴的帽子，穿的衣服和围裙；提供食品制作台，如厨房灶具、锅碗瓢盆，或者烧烤架等；提供顾客用餐的桌椅、点菜的菜单、餐具等；提供各种模拟的食品，如蔬菜、煎蛋、烧烤的肉串、面包等；还可以在"餐厅"入口处设立"提款机"，让幼儿用代币进行游戏。（见图36、图37、图38）

图36 餐厅

图37 餐厅

图38 餐厅

3. 超市

提供超市收银员、管理员的标志牌；游戏用的代币或取款机；若干货架，货架上摆放着生活用具、文具、食品、化妆品等各种"货物"（这些"货物"可以用搜集来的包装袋代替，货物上最好标上价格）；购物篮；商品促销海报；购物单；秤；收银台等。（见图39）

图39 超市

4. 医院

小医院里一般有分诊台、就诊室、输液室、药房等场所，因此教师应提供医生和护士服、叫号牌、听诊器、体温计、处方纸、各种药盒、药橱、输液器、纱布、药棉、胶布、桌子、小床等材料。（见图40、图41）

图40 医院

图41 医院

5. 银行

教师应提供银行员工的"工作牌"、各种代币、工作台、验钞机、提款机等材料。

（六）科学区

幼儿园班级科学区的创建是一个普遍比较薄弱的环节，很多教师干脆不设科学区，或者创设了也只是一种摆设，利用率较低。实际上，幼儿天生喜欢探究，只要教师创设的环境和提供的材料是适宜的，幼儿就会非常喜欢。

1. 水和沙的探究

（1）玩水材料：大水盆或者水槽和各种玩水的材料，如吸管、牙刷、肥皂、洗衣粉、洗洁精、制好的泡泡液等，用来玩吹泡泡的游戏；水枪、水壶、水管等，用来玩射水游戏；海绵、抹布、量杯等，用来玩运水游戏；自制的、扎上高低不同的小孔的水瓶，倒入水后做小喷泉；各种能溶解的物品，如糖、盐、果珍等，用来做水的溶解实验；各种能沉浮的材料如石头、铁块、塑料玩具、木块、锡箔纸等，用来做关于沉浮的实验。

（2）玩沙材料：各种粗细不一、性质不同的沙子，如黄沙、白沙等；各种玩沙的工具，如网眼大小不一的筛网、漏斗、杯子、铲子、勺子等，可以玩量沙、筛沙、自制沙漏等游戏。

2. 空气和风的探究

（1）认识空气的材料：大小不一的透明塑料袋，可以用来收集空气；透明的玻璃杯、蜡烛，可以用来做空气燃烧的实验；大小气球、羊角球、打气筒等，可以用来做感知空气存在的实验。

（2）认识风的材料：风车、扇子、风筝、碎纸片等，可以用来探索风产生的原理。

3. 声音的探究

提供的材料包括：鼓和小米，鼓励幼儿用鼓和小米做小米跳舞的实验，感知由于振动产生声音的原理；各种厚薄不一的玻璃瓶或者不同材料的瓶子以及易拉罐、各种纸盒、各种管子等,让幼儿敲击分辨声音的不同;盛水的玻璃杯多个,倒入不同量的水后可以敲击出音符;用大米、小米、石子、沙子、豆子等自制的发声筒;各种打击乐器,敲击时感受不同材料发出的不同声音;录音机、CD机等放音设备。

4. 电和磁的探究

(1) 有关电的材料:吸管、碎纸屑等,可以用来做摩擦起电的实验;各种电池、小灯泡、电线等,可以用来做灯泡通电变亮的小实验;各种电动玩具、电池,让幼儿探索将电池正确地放入玩具,让电动玩具动起来的方法;手电筒、小家电等,感受电的作用和神奇。

(2) 有关磁的材料:各种形状和大小的磁铁及回形针、铁钉、绳子、纸盒等物品,可以用来做磁铁吸铁的实验;条形和U形磁铁、铁屑,可以用来观察不同形状的磁铁的磁场线,感受磁场的存在;磁铁、瓶子、铁钉、大头针、回形针等物品,可以用来做瓶中取物的实验;将铁钉、大头针、回形针等混入沙子中,可以做"沙中寻宝"的游戏。

5. 运动和力的探究

提供的材料包括:用木板或积木搭成的不同角度的斜坡,可以做看哪辆小汽车跑得快的实验;各种光滑程度不一的表面,看哪辆小汽车跑得快;用废旧光盘、彩笔等自制的陀螺,用于观察陀螺旋转时颜色的变化;各种弹性玩具、羊角球,用于感受弹力的存在;不同材质的纸张、小积木,用于自制纸桥感受不同形状的纸的承重;多米诺骨牌,鼓励幼儿玩多米诺骨牌游戏,感受力的传递。

6. 光和影的探究

提供的材料包括:各种哈哈镜,用来感受镜子成像的有趣;两个大小相同的平面镜、塑料小动物,用来观察动物在平面镜中的成像;各种表面光亮、能反光的物品,用来在太阳光下找光斑;手电筒、纸,用来做手影游戏,并将手影印画在白纸上欣赏;胶片纸、幕布,用于自制简易皮影并表演皮影戏等。

科学区的材料应该按主题分年龄段投放。

（七）阅读区

幼儿在阅读区可以进行图书阅览、自制图书、图书修补等活动。不同的活动内容，教师投放的材料也不同。

1. 图书阅览

主要涉及的材料是各种适合幼儿年龄段阅读的图书。不过，教师在选择图书时一定要注意以下几点：

（1）图书要制作精良，去功利化。中国的图书市场上以前充斥着许多功利性很强的图书，如大量的所谓开发宝宝智力的图书，还有一些色彩艳丽、品位低下的图书，因此教师选择的时候要有分辨能力。近年来流行的绘本是不错的选择，如果觉得价格太高可以选择简装本。

（2）图书的种类要齐全。笔者发现有些班级的图书全是故事类或者童话类的。图书区还应该有一些其他种类的图画书，如适合托、小班幼儿认识各种动植物和常用物品的图书，适合中、大班幼儿的迷宫类图书和挑战思维的图书。此外，还应该有像《海豚》这样的知识类图画书。

（3）注意为不同年龄段的幼儿选择适合阅读的图书。笔者看到很多幼儿园的托、小班和中、大班的图书基本是一样的，尤其是适合托、小班幼儿阅读的图书太少。现在市面上有很多有趣的专为低龄儿童设计的图书，如洞洞书、抽拉书、旋转书、立体书等，非常有趣，可以在托、小班幼儿刚刚接触图书时激发他们阅读的兴趣。为幼儿选择图书是一门学问，原则是：越小的幼儿，越应该选择图案较大、文字较少、篇幅较短的图书；随着年龄的增长，图书里的故事情节可以越来越复杂，文字越来越多，篇幅越来越长。

2. 自制图书

对于中、大班的幼儿，教师可以提供一些废旧的图书或彩页、剪刀、胶棒、白纸等材料，让幼儿自己选择里面的角色或背景，自制属于自己的图画书并自编故事。（见图42、图43）

图42 自制的图书

图43 自制的图书

3. 图书修补

班级图书区里的图书，因为阅读的幼儿比较多，所以容易被损坏，如果不及时修补，很快就没法阅读了。因此，教师可以开展专门的图书修补活动，然后提供胶棒、透明胶、双面胶等，教会孩子修补图书，爱惜图书。

如果班级没有专设的语言区，也可在阅读区旁边设置相对安静的桌面表演游戏区，投放手偶、指偶、沙盘玩具、故事盒等材料，供幼儿进行故事讲述、表演等活动。

（八）益智区

益智区的材料包括拼图、嵌板、用于拼摆的几何图形、用于接龙的图片、七巧板、迷宫图、棋子、扑克牌等，还有很多智力玩具如魔方、魔尺等也可投放到益智区。

七巧板、迷宫图、棋子、扑克牌等材料，教师要在中、大班投放，同时要与幼儿一起探讨玩法和规则，不断将幼儿的活动引向深入。

如果班级没有特设的数学区，与数学有关的操作材料也可以投放在益智区。

（九）自然角

班级自然角不仅仅可以美化活动室，使活动室生机勃勃、趣味盎然，而且可以为幼儿提供在室内亲近自然、观察自然、种植植物、饲养动物的机会。

1. 观察活动

(1) 观察记录天气情况：教师可以为小班幼儿提供准备好的太阳、风、云、雨、雪等符号，以及给娃娃穿的衣服等材料，让幼儿根据天气给娃娃穿相适宜的衣服，表达自己对温度变化的感受，满足幼儿对安全感的需求、发展幼儿的小肌肉动作，提高其生活自理能力。教师可以与中、大班幼儿一起在院子里悬挂户外温度计，每天观察气温的变化，中班以周为单位、大班以月为单位做气温的统计，了解温度的变化与周围环境、日常生活之间的关系。

(2) 观察植物的生长情况：可以提供标尺，让幼儿观察植物生长的速度；提供观察记录本，让幼儿观察植物生长的情况并做记录。

(3) 观察动物的生活习性：提供观察记录本、放大镜等，让幼儿观察动物的进食、睡眠、运动等生活习性。

(4) 植物生长条件、外形特征的对比观察。比如温室内外植物生长情况的对比观察，需要用两个相同的容器撒上同样的种子，其中一个蒙上塑料薄膜，一个不做任何特殊处理；植物生长与阳光、水的关系的对比观察，需要用几个同样的容器撒上相同的种子，一个蒙上黑色塑料布不让种子见光，一个让种子见光。一个适度浇水，一个不浇水；不同植物叶子和花的颜色、形状的观察，需要提供叶子大小、形状不同的花卉，或者花朵形状、颜色不同的花卉等。

2. 种植活动

(1) 种子发芽：把种子在水里浸泡一段时间后，转移到土壤中就可以看到种子发芽并长大的情况。教师需要提供合适的种子如豆子、花生、玉米、小麦等，以及合适的容器与土壤。教师还可以鼓励幼儿进行无土栽培的种植，请幼儿观察植物根部的生长情况。

(2) 蔬菜发芽：教师可以提供土豆、白菜心、萝卜、大蒜、洋葱等蔬菜，让幼儿将其泡养在水中或种在土中，观察它们发芽、生长的情况。

(3) 盆栽花卉：与幼儿一起种一些生长变化比较明显，或者有观赏价值、净化空气作用的花卉，如文竹、吊兰、绿萝等。

种植活动中，教师还应该提供各种种植的容器，如花盆、瓶子、盘子等；

种植用的小铲子，浇水用的小壶；观察记录本或记录纸等。

3. 饲养活动

（1）饲养鸟：提供八哥、鹦鹉、鸽子等体型较小、形象可爱的鸟类以及鸟笼、鸟食、水等。

（2）饲养水生动物：提供金鱼、蝌蚪、乌龟、螃蟹等水生动物以及喂养的食物、鱼网、充氧器等。

（3）饲养昆虫：提供蚕、瓢虫、蝈蝈、蛐蛐、蚂蚱、菜青虫等以及桑叶、菜叶、青草等食物。

此外，在饲养活动中，教师还应提供喂养及清扫的工具、观察记录本或记录纸等材料。

在创设自然角时，教师应该注意，要选择适合幼儿种植和欣赏，且容易成活、有利于净化空气、无毒、安全的植物。饲养的动物也应该是无毒安全的；植物品种应该是生长速度变化明显的；容器最好是透明的，便于观察。教师尤其应该注重创设对动植物生长做科学研究和观察记录的条件，与幼儿一起学习照顾动植物的方法，并利用自然角培养幼儿的爱心和责任心，不要让自然角沦为班级环境中的摆设。

下编

区域活动组织与指导

第三章　区域活动的开展

只有保证区域活动的有效开展,才能真正实现区域活动在幼儿发展中的价值。然而,在区域活动开展中,老师们常常会有这样的困惑:区域活动的规则该如何制定?怎样让幼儿养成良好的常规?如何引导幼儿选择适合的区域?如何对待偏区的幼儿?每次区域活动后都要进行交流与分享吗?……在这一章,我们将共同探讨区域活动中的规则与自由;如何制定必要可行的区域活动规则,营造自由、宽松、自主的活动氛围;如何引导幼儿有序地、投入地进行区域活动,以及如何组织活动后的分享与交流等确保区域活动有效开展等关键问题。

一、规则与自由

谈到规则与自由,就不得不提到蒙台梭利。她关于"自由与纪律"的论述会带给我们很多启发。蒙台梭利认为纪律是一种积极的状态,是建立在自由的基础之上的。她认为,儿童在活动室里自愿地、有目的地活动,每个人都忙于自己的"工作",安静地走来走去,有秩序地取放物品,并不会造成混乱。因为对儿童来讲,安静和秩序是必要的,而且他们也知道哪些行为是被禁止的。儿童在这种环境中逐渐成长,自然会注意自己的言谈举止,长此以往,就能够养成遵守纪律的好习惯。因此,在蒙台梭利的活动室内,允许儿童自由地活动、交谈、交换位置,甚至允许儿童可以按自己的意愿移动桌椅。

蒙台梭利说，一个人如果像哑巴那样安静，像瘫痪的人那样不动，不能算是有纪律的。积极的纪律包括了自由，它和因强制而产生的"不动"是不同的。因此，她指出，纪律的培养既不能靠强制，也不能靠宣传和说教。在自由的活动中使儿童理解纪律，在理解的基础上接受和遵守集体的规则，这样儿童才会是主动的，在需要他们守规则时才能控制自己。

她特别强调：自由和纪律是同一事物不可分割的两个方面，应让幼儿学会辨别是非，知道什么是不应当的行为。诸如任性、无理取闹、暴力、不守秩序及妨碍团体等的活动，都要受到严厉的禁止。

由此，我们应该明确：

（1）规则与自由不是对立的，它们是同一事物不可分割的两个方面。

（2）幼儿规则意识的形成，或者说真正意义上的纪律的形成必须建立在不受压抑的自由活动的基础之上，因为没有自由或自由空间过小，最终会导致规则被自由打破。

（3）区域活动中必须有规则。用规则标识界限，建立秩序，保障自由，这是形成真正的纪律的前提，是幼儿能够自发地、主动地完善自己人格的前提，这也是区域活动有别于集体教学活动的价值所在。

（4）区域规则的制定是为了保障全体幼儿的自由而不是限制自由。

二、区域规则从哪里来

区域活动的规则不是教师为了维护自身的权威而一厢情愿提出的"要求"，也不是为了控制幼儿的行为而划定的"条条框框"，它是整个区域活动顺利开展的一种内在需求，是所有幼儿能够自由开展活动的保障。因此，要制定区域活动的规则，首先要明确幼儿在区域活动中应该享有哪些自由。

蒙台梭利教室中儿童自由的五种表现或许能够作为我们的参考：

◆ 儿童拥有从环境中选择吸引自己的事物的自由，即对什么有兴趣，可以自由地选择；

◆ 儿童拥有行动上的自由；

◆ 儿童拥有安静不受打扰的自由；

◆ 儿童拥有自己发现问题，想出办法和计策，并自己选择答案的自由；

◆ 儿童拥有凭自己意志将他的发现与他人交换及分享的自由。

区域活动中应该保障孩子的哪些自由呢？主要有选择的自由、不被打扰的自由、探索的自由、表达的自由……教师应该在明确幼儿享有的自由权利的前提下，围绕对这些权利的保障来制定规则，在制定规则的过程中应该注意以下几点：

（一）共同制定

规则是一个群体中所有人都必须共同遵守的，因此在制定规则时应该让幼儿参与进来，师幼共同商讨、制定和调整规则。只有幼儿自己认同和接纳规则，他们才有可能更好地遵守规则。

1. 讨论协商达成共识，明确活动的基本规则

区域活动的一些基本规则应该在区域活动正式开展以前就制定并明确下来，以免造成不必要的混乱而影响区域活动的顺利开展。

前面曾谈到制定规则的目的是保障幼儿的自由，因此，在讨论基本规则前，教师不妨与幼儿一起聊一聊在区域活动中他们可以做什么，然后一起讨论，怎样才能保证大家都做好、玩好。比如，在区域活动中，幼儿可以自由地选择自己喜欢的活动，并享有不被打扰的权利。教师就可以针对这个内容和孩子讨论："如果一个小朋友正在玩他喜欢的娃娃，另一个小朋友也想玩，跑过来就抢，这样做对吗？那应该怎么做呢？"孩子们会自然地参与讨论，并理解这样做不可以，遇到这种情况，应该先去选择其他玩具，或者耐心等待，或者与小朋友协商一起玩。对于"物归原位、不破坏玩具、不影响环境、不干扰他人以及听到区域活动结束的音乐要自觉收拾材料停止活动"等基本规则，教师都可以通过这种共同讨论的方式制定下来，这样既明确了要求，与幼儿达成了共识，同时

又加深了幼儿对规则的理解，有利于幼儿更好地遵守规则。

2. 实践试误，针对具体区域的具体规则进行讨论，逐步调整规则

师生共同制定好的规则不一定全都完美无缺，尤其是各区域的一些具体规则在执行过程中可能会遇到这样或那样的问题。针对在实践中出现的问题，教师可以与幼儿有针对性地展开讨论，逐步调整完善规则。

娃娃家是孩子们都非常喜欢的区域，常常人满为患。教师和幼儿共同制定的规则是：每次只能有3个人进入娃娃家（爸爸、妈妈和宝宝），用门口的小脚印来控制人数，3个小脚印上都放上鞋了，别人就不能进了。在活动开展过程中，有个小朋友很想玩娃娃家，却苦于没有"空余的脚印"，于是想出各种办法：扮做客人来娃娃家做客、当修理工来给娃娃家修理电器、来娃娃家当钟点工……但娃娃家的主人总是以"没有空余的脚印了"为由坚决拒绝，让这个小朋友非常沮丧。教师观察到这一情况，认识到这个小朋友屡次尝试中所闪现出来的"智慧的火花"，同时也意识到先前的规则限制了孩子的思维，也限制了活动更深入的开展。于是活动结束后，教师组织幼儿针对这一问题展开了讨论：

小朋友家里有没有客人来做客？

客人来了，主人该怎么办？

不让客人进来会怎么样？

除了客人还会有哪些人到家里来？

娃娃家的规则怎样调整会更好玩？

……

在讨论的过程中，幼儿也都意识到客人来了不让进门太不礼貌了，而且有了客人、修理工、钟点工的参与，游戏会更好玩。在娃娃家扮演爸爸的小朋友提出一个问题："大家都来做客，娃娃家太挤了怎么办？"教师把这个问题再抛给幼儿，鼓励幼儿热烈地讨论，积极地出主意想办法。最终决定，每次只能有两个客人来做客。于是，教师又为娃娃家增加了两双客人用的小拖鞋，并修改了规则。

对娃娃家规则的讨论和调整，不仅解决了活动中出现的问题，而且拓展了游戏的广度和深度。更重要的是，通过这样的讨论与调整，幼儿逐渐学会了解决问题的方法，同时，更深刻地理解了规则的意义。

(二) 规则不宜太多

开展区域活动的目的是为幼儿提供一个更加宽松、自由的活动空间，让幼儿自主地选择活动内容与同伴，按照自己的方式进行主动的探索与学习，在这个过程中逐步建构与完善自己。因此，区域活动的规则不宜太多，否则会限制幼儿的自由，束缚幼儿的思维，与区域活动开展的目标背道而驰。

在这里，我们可以借鉴孙瑞雪教育机构的儿童行为规则。他们的规则只有7条，这七条规则是：

- ◆ 粗野、粗俗的行为不可以；
- ◆ 别人的东西不可以拿，自己的东西归自己所有，并有权利自由支配；
- ◆ 从哪里拿的东西请归位到哪里；
- ◆ 谁先拿到的谁先使用，后来者请稍等待；
- ◆ 不可以打扰别人；
- ◆ 做错事要道歉，并且学会要求他人道歉；
- ◆ 学会拒绝别人，学会说"不"。

其实，过多的规则不利于幼儿的理解和遵守，因为过多的限制与幼儿喜欢自由的天性相冲突，会导致幼儿频繁地、无意识地"违规"，从而影响幼儿规则意识的形成。

(三) 规则是动态变化的

区域活动中的规则不是一成不变的，它应该随着区域材料、活动内容以及幼儿发展水平的变化而呈现动态变化的特点。

在刚开展区域活动时，为了避免幼儿频繁换区，帮助他们养成专注活动的习惯，教师和幼儿共同制定了这样的规则：每名幼儿在选区后要在本区域活动，不能随便换区、串区。随着区域活动的深入开展，幼儿的良好习惯逐渐养成。教师发现幼儿都能比较专注地在本区域活动，看起来井然有序，却缺少了区域间的互动和交流。教师与幼儿共同讨论后，把规则调整为：选区后要在本区域专心活动，如果有需要可以到其他区交流，如果不想在这个区活动了，可以收整好玩具材料，重新选择其他区域。

规则调整后，班里的区域活动变得更加灵活多样、充满生机：泥工区刚做好的"饼干""糕点"被源源不断地送到了食品店；表演区的"演员"来到美工区定制表演用的花纸伞；建构区的"工人"累了会到休闲吧喝杯果汁；娃娃家的一家人会锁上门到"4S店"选购汽车……除了区域间的互动增加了，幼儿在某个区域操作尽兴后，都可以再去选择其他喜欢的区域。规则的变化让区域活动"活"起来，也让幼儿在区域活动中有了更多的体验和收获。

总之，规则是区域活动顺利开展的保障，它的目的不是限制和控制幼儿的自由，而是确保全体幼儿能够顺利地开展区域活动，并获得自由、自主的发展。认识到这一点，教师就会明确区域活动的规则是区域活动顺利开展的内在需求、是幼儿自由活动的内在需求、是幼儿不断发展的内在需求，不应变成空洞的、死板的、一成不变的"框框"。

三、区域规则有哪些

区域规则一般包括区域活动的基本规则和各区域的具体规则。

（一）区域活动的基本规则

区域活动的基本规则，是指保证区域活动顺利开展的、适用于各个区域的、最基本的规则。一般包括：选区进区规则、区域活动开展过程中的规则以及区域活动结束后收拾整理的规则。

1. 选区进区规则

选区进区的规则可以保障全体幼儿根据自己的兴趣与发展需求自主选择区域、进入区域游戏。

通常选区进区的规则包括以下两个方面：

（1）时间。每个幼儿园区域活动的时间不一定，一般每次区域活动时间应在40～60分钟，每天不少于一次区域活动。教师可用固定的一首乐曲提示幼儿开始和结束的时间，区域活动结束的乐曲响起，所有幼儿必须整理物品，结束活动。

（2）人数。每个区域面积大小不一样，材料多少不一样，所以，可以容纳的人数也不同。教师可以根据自己班级的实际情况，规定每个区域适合的人数，并用隐性暗示的方式呈现，如插卡、挂牌、数字牌、鞋子印码、围裙、套袖、区域中的座位等，帮助幼儿明确每个区域可以容纳的人数，先来的先玩，人数满了，就不能再进去，可以等待或者另选区域。

2. 区域活动中的规则

区域活动开展过程中的基本规则也应该与教室规则中的相关内容保持一致，一般包括以下几条：

（1）取放材料的规则：

◆ 进入区域后有序地选取材料；

◆ 每次选择一份操作材料，不多拿、多占；

◆ 操作活动结束后，物归原位方可离开。

（2）操作材料及开展游戏的规则：

◆ 轻拿轻放，珍惜爱护操作材料；

◆ 按照各区域要求和规则进行操作或开展游戏；

◆ 在活动室内只能走，不能跑。

（3）人际交往的规则：

◆ 先来区域的先玩，先拿到玩具的先玩；

◆ 不能抢夺别人的玩具；

◆ 不能动手打人、推人、咬人；

◆ 小声讲话；

◆ 想插入别人的游戏要有礼貌地征得对方同意。

3. 结束后的收拾整理规则

区域活动结束后的收拾整理能够培养幼儿善始善终的做事方式以及对环境的责任意识，同时对幼儿的自理能力也是很好的锻炼。因此，制定明确的规则，帮助幼儿有效地做好区域活动结束后的收拾整理工作非常必要。

收拾整理的规则一般包括：

◆ 结束乐曲响起时活动结束，马上开始整理；

◆ 谁玩的材料谁整理，共同游戏的材料共同整理；

◆ 物归原位，摆放整齐；

◆ 及时清理活动中产生的垃圾和污渍；

◆ 自主管理自己的作品。

（二）各区域规则举例

区域规则要视每个区域的具体情况而定，要考虑每个区域的环境材料特点、活动开展的内容和要求。

（1）阅读区的一般规则：

◆ 一人一本，看完再换，不争抢，书读完要放回原处；

◆ 安静阅读，不大声喧哗，不干扰别人；

◆ 爱惜图书，一页一页翻书，不撕书、不在书上乱涂乱画。

（2）建构区的一般规则：

◆ 按照需要选取材料，不争抢；

◆ 不乱扔，不用积木打人；

◆ 不破坏别人的建构作品。

（3）美工区的一般规则：

- 各种材料分类收放，避免弄混；
- 正确使用各种工具，注意安全；
- 注意保持卫生，及时清理。

(4) 益智区的一般规则：
- 按照材料的操作规则进行操作；
- 分类整理材料，无遗失，确保材料完整。

(5) 表演区的一般规则：
- 共同选定表演内容、分配角色；
- 注意控制音量，尽量不干扰别人。

(6) 角色游戏区的一般规则：
- 不争抢角色，不争抢玩具；
- 按照扮演的角色要求，遵守相应规则。

(7) 生活操作区的一般规则：
- 分类取放，不乱丢、乱放操作材料；
- 注意安全，不把颗粒小的操作材料往耳朵、鼻孔里塞。

四、幼儿规则意识的养成

引导幼儿形成初步的规则意识、养成良好的区域活动常规是区域活动顺利开展的关键，而幼儿规则意识的养成不是靠说教和硬性的灌输就能完成的，也不是一朝一夕的事情，它需要教师的用心、耐心，还有日复一日的坚持。

(一) 创造良好的开端，让规则自然入心

要培养幼儿的规则意识，就要让幼儿能够感觉到规则的作用，体验到遵守规则带来的安全、稳定的心理感受，还要让幼儿通过学习、练习获得遵守规则的能力。幼儿规则意识的养成以及区域活动开展的成功与否，与刚开始进行区域活动时教师对幼儿的引导帮助以及对常规习惯的要求是否到位密切相关。因

此，在开展区域活动时，教师不要盲目地急于让幼儿进入到区域中，而应做好充分的准备，为幼儿规则意识的养成以及区域活动的有效开展创造一个良好的开端。

以小班幼儿为例，教师可以采取如下的方法，帮助幼儿理解规则、遵守规则。

1. 模仿练习

在请幼儿进区活动之前，教师可以专门组织幼儿了解并练习区域活动的基本常规，包括如何端取盛放材料的各种容器、如何物归原位、如何在区域间走动、如何在区域中找到合适的位置等等。教师在介绍完各个区域让幼儿认识后，可以用示范的方法为幼儿演示，并请幼儿模仿练习。

2. 游戏巩固

教师还可以用游戏的方式带领幼儿练习基本规则。比如物归原位的规则，教师可与幼儿一起玩记忆游戏进行巩固。

教师带领幼儿来到一个活动区，先请幼儿观察教具橱中各种材料的位置，然后按照要求取出材料并放回原位。"请东东把喂娃娃游戏用的托盘端过来。""想一想，它刚才是放在哪里的？请你把它送回家吧！"或者请幼儿先仔细观察一个教具橱中几份材料的摆放位置，再请幼儿闭上眼睛，教师将其中的2~3份材料取过来，让幼儿试着放到原来的位置，以帮助幼儿记忆位置，并养成物归原位的习惯。

3. 分组进入

幼儿规则意识的养成很容易受同伴和环境的影响。为了确保区域活动能够有秩序地开展，让幼儿从一开始就感受到守规则、有秩序带来的美好体验，教师可以采取让幼儿分组逐渐进入的方式。比如，将全班30个幼儿分为3组，先请已具备一定的规则意识、习惯较好的一组进入区域，由配班教师组织另外两组幼儿进行其他活动。教师可以根据第一组幼儿的活动状态，决定第二组进入的时间，可以是一天以后，也可以是几天以后。最终，所有幼儿都陆续进来，并能有秩序地活动。

前期的充分准备对于幼儿在区域活动中的规则意识的养成有着至关重要的作用，一个良好的开端会让幼儿自然而然地从内心接纳规则，从而愿意去遵守规则。

(二) 利用环境暗示，养成自觉习惯

有效地利用环境暗示的方法能帮助幼儿时刻不忘规则，自觉地遵守规则。在区域活动中，教师可以利用区域环境的布局、材料的投放、图示图标的设计等构成一种隐性的规则，从而发挥环境的暗示作用，减少不必要的语言指导。

比如，把阅读区设置在光线充足又相对安静的地方，放上色彩柔和又舒适柔软的沙发或靠垫，然后整整齐齐地摆放上幼儿喜欢的图书，再摆上一株充满生机的小盆栽，这样的区域布置有助于孩子们安静专注地阅读。

投放材料时，教师可以有意识地将一些规则隐含其中。比如，在美工区，盛放彩笔的笔筒的颜色与彩笔的颜色一致，就可以提示幼儿要将不同颜色的彩笔放到相对应的笔筒中。

教师还可以充分利用各种图示图标来暗示规则。比如，在区域内摆放一定数量的小椅子或用数量不同的图卡来限定进区的人数；将相同颜色和形状的图形分别贴在材料容器和教具柜上相应的位置，暗示幼儿要物归原位；在需要安静的区域张贴表示"请安静"的图示；在需要排队的地方画上小脚印的图示等。

(三) 开展互动讨论，巩固内化规则

在区域活动开展过程中，教师可根据幼儿的活动情况有针对性地组织师幼、幼幼间的互动讨论，强化规则意识，帮助幼儿巩固内化规则。

每次区域活动结束的音乐一响起，在益智区下围棋的幼儿总是飞快地将黑白棋子胡乱地收起，混着放入盒中，盖上盖子，而第二天再下棋的幼儿需要先

将黑白棋子分开才能开始下棋。教师于是针对这一现象组织幼儿讨论，让幼儿明确收棋子时的规则，知道为什么要将黑白棋子分放到不同的盒子中。之后，可以请下棋的两名幼儿再次打开盛棋子的盒子，体验不按规则收棋子带来的不便，与大家讨论自己的感受，最后再由这两名幼儿按规则将棋子收好。

五、区域选择

区域的选择是幼儿自主进行区域活动的开始，教师应为幼儿创设一个宽松自由的氛围，引导幼儿根据自己的兴趣、经验、需求真正自由、自主地选择活动区域。通常班级常设区域的数量、各区域的面积、可容纳的幼儿人数以及班级的总人数会影响幼儿的区域选择。

班级区域的数量要满足全班幼儿自主选择的需要，如果活动室面积较小而幼儿人数又过多，可采取室内外分组的方式，让一部分幼儿先选区进区活动，也可充分利用公共空间如走廊、幼儿园大厅、多功能室等设立活动区域，为幼儿选择区域创设条件。

1. 自由进区

如果设置的区域数量充足、空间宽松，而班额又较小的话，可以直接让幼儿自由进区，这样既节省时间，又能更加充分地体现区域活动自由、自主的精神。教师还可以设定进区活动的固定音乐，以提示幼儿进区的时间。

2. 教师引导与幼儿自选相结合

幼儿人数较多时，可采取教师引导与幼儿自选相结合的方式。比如，教师今天请第一组的幼儿先选区，明天再请第二组的幼儿选，依次轮流，教师也可以每次重点推荐1～2个区域，鼓励幼儿到各个区域体验，尤其是那些偏重学习的区域，这样既能保证幼儿有自选的机会，又能保证幼儿的全面发展。

3. 选区冲突时的解决办法

在幼儿自由选区时，一般采取先选先玩、满员为止的办法。比如区域活动一开始，幼儿可以直接选择自己喜欢的区域进区活动；也可以在教室中设置区域活动计划表，幼儿一来园就可以计划自己今天要去哪个区，把自己的名卡放到表中相应的位置，当一个区的规定人数已满，其他幼儿就不能再选这个区了。

如果出现几名幼儿同时选择某个区域，而又超出规定人数时，教师可引导幼儿共同讨论想办法解决。比如大班的幼儿可以用猜拳的方式决定谁先进入，也可以根据教师的观察记录，请以前参与次数较多的幼儿尝试其他区域的活动。

4. 进区标志的设计和使用

进区标志的使用有利于幼儿判断区域中的人数是否已满员，从而决定自己是否能够进区活动，尤其是对于人数较多的班级，这样能够避免区域活动中的拥挤、争执等混乱现象出现。

进区标志有很多种形式，如可以插取的贴有幼儿照片的进区卡，可以悬挂的入区牌，还可以是套在手腕上的手环，贴在区域入口的小脚印，或者是造型可爱的动植物卡片……总之这些进区标志应该是简单结实、便于取放又清晰醒目的。

5. 进区前的计划讨论

中、大班幼儿可以有几分钟的选区、进区讨论时间。教师可请几名幼儿说说自己想进什么区、玩什么及怎么玩，逐步强化幼儿区域活动的计划性。同时，通过同伴的选区计划可以带动其他幼儿调整计划、开拓思路、创新玩法、激发兴趣。

六、冷门区与热门区

区域活动开展过程中，很多教师都会发现这样的现象：有的区域是明显的热门区，在选区时总是出现争抢现象，每天都满员，甚至出现排队等候的现象；而有的区域却门可罗雀，甚至无人问津，成了典型的冷门区。这种现象让老师们感觉很苦恼。

（一）为什么会有冷门区与热门区

其实，影响区域"冷"与"热"的因素不外以下几种：

1. 区域活动内容是否符合幼儿的年龄特点和发展需求

如果一个区域的活动内容正好是本班幼儿的兴趣点，又是最近一段时间幼儿的关注点，那么该区域就可能成为本班的热门区。比如在小班，娃娃家和糖果屋一般都是热门区；表演区和建构区一般都是大班的热门区。如果最近班里在开展"马路上的车"这一主题，随着主题的深入，幼儿对各种各样的车充满了兴趣，很自然地角色游戏区的"汽车4S店"就会成为热门区。

2. 活动材料是否有吸引力，是否经常更新

一个区域的活动材料单一、枯燥，缺乏游戏性、变化性，或者不够结实和美观，都会影响对幼儿的吸引力；而一个区域的活动材料一年到头一成不变、毫无新意，往往就会淡出孩子的视线，使该区域沦为冷门区。还有一种情况就是如果活动材料及内容缺乏挑战性或远远超出幼儿的能力，也不会对幼儿产生吸引力。

3. 教师的推介与指导是否到位

区域活动开展过程中，教师恰当的推介与适时的指导会在很大程度上影响到幼儿参与的兴趣。比如益智区的活动大多需要幼儿了解规则和玩法后才能操作，幼儿会玩了才能体验到其中的乐趣。如果没有教师前期的推介，又缺乏后续的跟进指导，那么就很容易出现幼儿因不会玩而失去兴趣，从而导致区域变"冷"的现象。

另外，因为幼儿很容易受环境及同伴的影响，也会出现因扎堆跟风而导致某些区域"虚热"的现象。

因此，在区域活动开展过程中，教师应关注幼儿对各区域的兴趣度，关注幼儿在区域中的实际状态，分析"冷门区"和"热门区"的成因，有针对性地采取措施，解决问题。

(二) 如何让冷门区热起来

对于"冷门区",教师应根据原因,有的放矢地进行调整和指导。

1. 当区域活动内容不符合幼儿的年龄特点和需求时

如果区域受冷落是因为活动内容不符合幼儿的年龄特点及发展需求,那么教师应首先了解幼儿的兴趣点及此阶段的发展需求,重新设计、调整区域设置或者活动内容。比如在小班上学期,表演区一直比较冷清,教师投放了各种服装、头饰与道具也无法吸引孩子们的兴趣。教师观察后发现,与此形成鲜明对比的是人满为患的娃娃家。一到区域活动时间,孩子们会争抢着冲进娃娃家,他们喜欢跟娃娃(各种毛绒玩具)说话,抱着娃娃走来走去,给娃娃喂饭、洗澡、穿脱衣服……

其实,对于小班的幼儿来说,娃娃家的活动内容更符合他们的年龄特点与心理需求。娃娃家的环境氛围以及那些软软的、暖暖的毛绒玩具会带给他们安全感,这也正是小班幼儿尤其是刚入园不久的幼儿最需要的。而表演区的活动需要幼儿具备一些基本的表演常识和能力,小班幼儿刚入园不久,这方面的基础还相对较弱,他们无法自主地开展活动,也很难体验到表演活动带来的愉悦感与成功感,因此就不太愿意选择表演区的活动。教师意识到这一点后,可以先将表演区撤掉,再增加一个娃娃家以满足幼儿的需求。等幼儿有了表演的欲望与基本的能力后再开设表演区。

2. 当材料本身出现问题时

如果是因为活动材料的问题导致区域受冷落,教师就应该对该区的材料进行分析、筛选、更换、补充,增强材料的游戏性、可操作性、挑战性。通过老材料新玩法以及不同材料的组合运用也可增加冷门区域对幼儿的吸引力。

大班幼儿对数学区的活动一直兴趣不高,而枯燥、单一的操作材料更是让数学区成了不折不扣的"冷门区"。教师观察到这一现象后,对数学区的材料做了筛选。比如,将对幼儿毫无挑战性的按一种特征分类的材料撤换,投放了按照颜色、形状、大小三种特征归类的操作材料；将进行10以内加减法练习所用的枯燥无味的算术题卡改造为破译电话号码和破译保险箱密码的题卡，并投放能够通话的手机和带真正密码锁的小箱子。当幼儿通过自己的努力破译了密码，进而打通电话、打开箱子的时候，激动与喜悦的情绪赢得了同伴的羡慕，也激发了其他幼儿参与的兴趣，冷门区很快变得热起来。

对于益智区的棋类游戏，教师也可以通过变化规则等方式让老材料玩出新花样，吸引幼儿参加；拼图游戏也可以从1个人玩变成2～3个人同时玩。幼儿可以各选同一拼图的不同部分合作拼，也可以每人一幅拼图进行比赛。这些老材料在玩法上的改变与创新会吸引幼儿再三地光顾益智区。

不同材料的组合运用也会吸引更多的幼儿光临冷门区。

为了帮助大班幼儿认识空间方位，教师在益智区投放了幼儿园建筑沙盘，但幼儿摆弄几次后就没兴趣了。教师经过思考后将建构区的部分积木、纸盒等材料搬了过来，请幼儿摆出各自"回家的路线"。孩子们围绕幼儿园的沙盘延伸出不同的路线，并搭建回家路上的标志性建筑及自己家的楼房。沙盘与建构材料的组合运用让益智区又变得热闹起来。

3. 当教师指导存在问题时

如果是材料推介或教师指导方面的问题，教师可以通过重新推介、跟进指导以及亲自参与、亲身示范等方式予以解决。

大班的科学区，教师投放了不少材料，但一直没有出现教师预想的那种孩子自主、投入地进行探索的情景。教师有意识地观察幼儿，发现他们走进区域后往往转一圈或随意地看看材料就走了；有几个幼儿取出材料后无序地摆弄一阵，就匆匆忙忙收拾起来到别的区去了。教师意识到自己在投放材料时讲解示范不够，导致幼儿对材料缺乏了解，也就对活动丧失兴趣。于是，教师在交流分享环节重新向幼儿推介科学区的材料,为幼儿示范一些实验的操作流程,激发幼儿的兴趣。果然,第二天的区域活动时间里,科学区的人数明显增加了,教师又及时跟进指导,与幼儿一起进行实验,一起猜想,一起验证。很快,科学区吸引了更多幼儿的关注。

(三)如何对待偏区的孩子

对待偏区的幼儿,教师首先应该通过细致的观察,了解其偏区的真正原因,再采取相应的措施。幼儿偏区可能与以下因素有关:

1. 与幼儿的性格有关

活泼、爱表现的女孩可能会特别喜欢表演区,而调皮好动的男孩往往不去选择生活练习区的活动……对于偏区的幼儿,教师要有意识地去引导他们关注其他区域的活动,或者让不同性格的幼儿以结伴的方式选择区域,以达到相互影响、相互带动的目的。

2. 与幼儿的已有经验有关

有的幼儿在某些方面积累了很多经验,对相关区域的活动驾轻就熟,因此总喜欢待在自己擅长的区域。

大班的琳琳动手能力特别强,折纸、剪纸、泥工、画画样样都行,因此她每次选区都选美工区。有几次在教师的强烈建议下,她选了其他区域,但没待多长时间就又跑到美工区了。

遇到这种情况,教师首先应该积极肯定该幼儿在这一方面的能力和表现,然后热情地向她推介其他区域的活动,鼓励她主动尝试。遇到特别固执的幼儿,教师也可采用带领或陪伴的方式与其一起走进新的区域,并通过启发与指导来帮助幼儿丰富、积累相关经验,同时应及时鼓励幼儿的进步,帮助其树立信心。

3. 与这一阶段该幼儿所处的敏感期有关

中班下学期，一部分幼儿已进入书写敏感期，他们特别执着于数学区的活动，尤其喜欢摹写数字、描画图形、为图形涂色等活动，天天练习，乐此不疲。

对于这些幼儿，教师不但不应该制止和纠正，反而应该尊重他们的成长步调，积极地为他们提供更多适合他们的、用来进行前书写练习的材料，让他们的这一能力在敏感期能够得到充分的发展，以获得事半功倍的效果。

4. 与幼儿这一阶段的兴趣点有关

大班正在进行"科学万花筒"的主题活动，几周来有几个男孩子整天泡在科学区里，不是研究沉与浮，就是醉心于电路连接……其他区域新添加的材料、新开展的活动对他们都失去了吸引力。

对于这种情况，教师也不必急于纠正，可以先接纳幼儿的选择，允许他们在一段时间内"偏区"，从而获得更多自主探索的机会促进发展。其实这也正是区域活动相比集体教学的优势所在。

5. 与幼儿在该区域没有快乐或成功体验有关

如果幼儿在某个区域活动时没有获得成功感，或者根本不了解该区域的活动方法，也不知道它的材料如何使用，那么幼儿肯定不会对这个区域感兴趣。教师观察到这种情况，要及时地予以引导，可以单独向他推介、邀请他观摩并参与活动；也可以通过展示其他幼儿在该区域的作品，或利用同伴的影响来吸引他；还可以请该幼儿做这个区域的管理员，引导他在收拾整理材料的过程中发现材料，激发其对该区域的兴趣。

对于偏区的幼儿，教师还可采用进区记录表或区域活动卡的方式予以平衡。

（1）进区记录表：在每个区域的入口处贴一张区域活动记录表，幼儿在进区前要在自己的名字下做标记，一周后教师可带领幼儿一起观看记录表，分析选区的情况，然后提出要求，请幼儿做到每个区的活动都参加。

（2）进区卡：如果活动室里设置了6个区域，教师可以每周给偏区的幼儿发放6张相应的进区卡，进哪个区用哪个区的卡，用完后就不能去了，只能再选没去过的区域。这样的方式可以让幼儿走进平时不喜欢的区域，了解材料和活动，产生兴趣，从而有效地避免过度偏区的现象。

总之，对于幼儿偏区的现象，教师不能一概而论，而应在尊重、接纳的前提下，通过长期细致的观察，深入分析原因，有针对性地寻找对策，在实践中尝试调整策略，并不断反思改进，以求通过区域活动实现幼儿充满个性而又均衡和谐的发展。

七、推介新材料

区域活动中，新材料的推介可以有多种方式。恰到好处的推介方式不仅可以引发幼儿对材料和活动的兴趣，而且能够促进幼儿有效地运用已有经验，主动学习、解决问题的能力发展。同时，适宜的推介方式也会引发教师对幼儿活动情况的有效关注，便于教师了解不同幼儿的学习方式，以及幼儿之间学习能力的差距，有的放矢地予以指导。

新材料投放的方式一般有以下几种：

1. 直接投放不做任何介绍

这种方式适用于那些材料不复杂、操作过程简单，或者幼儿已有相关操作经验的情况。

在日常生活练习区，多数幼儿已经有了用筷子夹小沙包的经验，教师为了增加挑战性以适合不同能力水平的幼儿，又投放了一份用筷子夹花生和一份用筷子夹玻璃球的材料。这两份新材料对于幼儿来说只是难度上的调整，操作方法及流程上没有任何问题，教师直接投放即可。

2. 完整讲解示范后再投放

对于那些内容、形式都比较"新",或者游戏规则比较复杂的材料,为了让幼儿清楚地了解它们的操作方法,教师可以先以集体或小组的形式进行示范讲解后再投放到区域中。比如,益智区的棋类材料,教师要通过完整的示范讲解,甚至带领幼儿操作后再投放,否则,幼儿不了解规则与玩法,游戏将无法开展。

3. 先投放,再根据幼儿的操作情况决定推介的方式

有时,为了给幼儿提供更多自由探索的机会,或者想观察了解幼儿对新材料的使用情况,教师可以先将材料投放到区域中,观察幼儿对材料的反应和操作探索情况,再有针对性地给予个别指导或集体推介。

中班下学期,教师想了解幼儿按规律排序的能力,于是将串珠的材料投放到生活操作区,观察幼儿的反应。有的幼儿走过来看一看就走了,有的幼儿会毫无规律地将各色珠子串起来,有的幼儿只能按照 ABAB 的方式串珠子,还有的幼儿能够创新出 ABCABC 或者 ABBABB 等更加复杂些的排列方式。连续观察一段时间后,教师对本班幼儿按规律排序的能力有了一个初步的了解。然后,再根据不同能力水平的幼儿分组推介,或在区域活动结束后的分享环节,通过展示能力较强的幼儿的作品这种方式进行推介。

4. 简单讲解或部分示范后再投放

有些新材料的投放是为了引发幼儿探索的兴趣,为幼儿提供自主探索和学习的机会,但如果直接投放又不能引发幼儿的关注,因此教师可采用简单讲解或部分示范后再投放的方式。

在科学区投放"小灯泡亮了"的活动材料时,教师没有急于向幼儿演示正确的操作方法,只是将电池、连接线、小灯泡等材料放入托盘,一一介绍,鼓励幼儿去探索让小灯泡亮起来的方法。这样的推介方式既能吸引幼儿的关

注，激发他们的兴趣，又能为幼儿留有自主探索的空间，促进幼儿创造性思维的发展。

当需要向幼儿介绍旧材料的新玩法，或者旧材料经过改良又有了新玩法，或者把几种材料重新组合投放时，教师都应根据情况选择合适的推介方式，以保证材料价值的实现。

活动材料的推介方式往往会决定幼儿对材料的探索兴趣和操作的质量。所以，材料投放时教师应注意自己的态度、语气和表情，不可盲目和随意，需要认真分析材料的类型，考虑材料投放的目标、层次，选择最合适的方式向幼儿推介。

八、作品管理

在区域活动开展过程中，幼儿作品的管理也是不容忽视的问题。有些区域如美工区、建构区，每天都会有大量的幼儿作品，如何对待这些作品往往会体现出教师是否具备对幼儿劳动成果应有的尊重，能否善用教育资源、把握教育契机。对幼儿作品的管理还会影响到教师对幼儿学习、发展水平的了解，影响到幼儿对自己作品的态度甚至是对整个区域活动的态度。所以，教师应该重视对幼儿作品的管理。

区域活动中幼儿作品的管理一般有以下几种方式：

1. 设立幼儿作品展示栏（台）

在教室或走廊内应该为幼儿设立专门的展示栏和展示台，这样既可以展示幼儿的平面作品，又可以展示立体作品，便于幼儿间的交流分享，也为幼儿提供了一个展示自我的平台。

展示栏或展示台应该设立在大多数幼儿经常可以看到的地方，如教室内用来进行集体交流、讲评的地方或者是走廊两侧的墙面、窗台等。展示栏或展示台的面积不宜过小，应该能够保证每个幼儿的作品都有机会展示；也不宜过高，要方便幼儿自己取放；还应在相应位置注明幼儿的姓名，以便幼儿能够自主、有序地摆放。

每次区域活动结束后，教师可以引导幼儿在已完成的作品中选择自己比较满意的展示出来，及时替换以前的作品。教师要注意幼儿良好习惯的养成，逐渐实现由教师管理到幼儿自主管理。

2. 建立幼儿作品夹（袋）

教师可以为每个幼儿建立一个作品夹（袋），并让幼儿学习自己收放整理，积累一段时间可带回家中存放。

3. 存入成长档案

教师可以选择有代表性的幼儿作品，标明日期，并附上幼儿自己对作品的解读，存入幼儿个人的成长档案中。

4. 充实到班级环境中

可以把幼儿的一些美术、手工作品布置到教室中，成为环境的一部分；有些可以作为操作材料补充到相应的区域中。比如，可以把美工区的作品放到超市作为商品出售。

5. 拍照、摄像保存

对于一些不方便保存的作品，如建构区幼儿搭建的大型作品、益智区幼儿某些富有创意的操作，教师可以通过拍照、摄像的方式为幼儿保存（见图44）。

图44　建构作品

6. 对于幼儿未完成的作品，教师可以根据实际情况妥善处理

比如，对于很快就可以完工的作品，教师可以适当延长时间尽量让孩子完成；对于完成有困难的情况，教师可以通过集体讨论协助完成的方式给予帮助；而对于确实在短时间内完成不了，幼儿又不想放弃的，教师可以设立"未完成作品区"，请幼儿在作品上标上姓名暂时存放，第二天继续去完成。

在幼儿作品管理过程中，教师不要忽略下面的问题：

(1) 让幼儿的作品成为教育教学的资源。比如：教师可以将幼儿比较有创意的绘画和手工作品布置到美工区，作为范例；也可以由幼儿的作品引发、生成新的教育内容或目标。

(2) 让幼儿的作品成为师幼、幼幼间交谈的资料。教师可以将幼儿在建构区的作品拍摄下来，作为与幼儿交谈的话题，如"你们搭建的这座漂亮的建筑是什么？""整个大楼你们用了多少种材料？""你们是怎样把这个尖顶做出来的？""怎样做会更结实些？""你们准备怎样向其他小朋友介绍你们的作品？"……一些不够完美的作品，也可以成为交流的内容，如"怎样让这幅作品更好些？""谁能给他提些建议？""如果请你再来试一次的话，你准备怎样做？"……

(3) 让幼儿的作品成为引发后续活动开展的材料。比如教师在分享环节展示幼儿在美工区制作的各种头饰、脸谱，并请幼儿分析它们的形象特点，然后投放到表演区，引发幼儿新的表演内容；教师还可以将幼儿制作的"连环画"或"图画书"投放到阅读区或语言区成为幼儿看图讲述的新内容。

(4) 让幼儿的作品成为分享环节的第一手资料。在分享环节，教师要利用好幼儿的作品，让它们成为交流分享的第一手资料。比如请幼儿主动介绍自己的作品，分享自己的成功体验，以及完成作品过程中遇到的困难；针对作品中的亮点与不足与幼儿共同讨论，引发幼儿的思考；还可以利用幼儿的作品激发其他幼儿参与该区域活动的兴趣。

总之，对幼儿作品的管理与利用是对教师教育理念与教学能力的综合考量，也是区域活动开展过程中的一项重要内容，值得所有教师予以高度重视和深入

研究。

九、交流与分享

区域活动结束后的交流与分享不仅可以帮助幼儿及时梳理和提升原有经验，激发幼儿再次活动的愿望，还能够促进师幼、幼幼间的互动，实现共享交流、相互学习的目的。高质量的互动交流和分享可以有效地推动区域活动的开展。

(一) 交流与分享的内容

在交流与分享环节，教师首先要根据区域活动的整体情况、幼儿的具体表现等，有针对性地、有重点地选择和确定交流与分享的内容。一般包括以下几个方面：

1. 分享作品、成果和新发现

教师可以引导幼儿针对本次区域活动中幼儿的作品、活动成果以及在活动中的新发现进行交流与分享。在选取这些内容时，可以选择比较成功的作品，分析其亮点，以此作为对全体幼儿的示范引领；也可以是存在问题的作品，引导幼儿共同发现问题，分析原因，提出建议。对于中、大班的幼儿，教师可以请作者自己来展示、讲解自己的作品，并积极鼓励孩子大胆、有条理地介绍自己在活动中的新发现。

2. 交流经验和感受，分享体验

幼儿在自由、自主、全身心投入的区域活动过程中会不断地运用已有经验，习得新的经验，产生丰富的情绪情感体验。教师针对这些经验与感受和幼儿一起交流、分享，会引发幼儿积极的表达表现的欲望。同时，同伴在活动中积极的情感体验也会激发其他幼儿参与活动的兴趣。比如幼儿在表演区的活动吸引了众多的"观众"，赢得了阵阵掌声，"小演员们"自豪喜悦的心情溢于言表。在分享环节，教师可启发他们说一说他们为什么演得这么好，当大家为他们鼓掌时，他们的心情是怎样的；还可以请他们再次表演最精彩的段落，以此激发其他幼儿参与表演区活动的兴趣。

3. 讨论问题与困惑

与幼儿共同讨论在区域活动中遇到的问题与困惑,能够帮助幼儿学会发现问题、解决问题的方法,同时有利于教师发现区域活动中幼儿共性或个性的问题,以便及时调整区域活动的内容和目标,并在以后的活动中给予幼儿指导与帮助。讨论的问题与困惑点,可以是幼儿提出来的,也可以是教师在活动中观察发现到的且具有一定的代表性的问题。

在这天的区域活动中,教师发现角色游戏区的"小医院"里冷冷清清,没有人来看病,也没有护士上班,只有一名医生穿着白大褂坐在里面无所事事。于是,在交流与分享时,教师便请这名医生来和大家聊聊他当医生的感受。小医生满脸无奈地说:"太没意思了,大家都不来看病我也没办法!"教师又询问其他幼儿:"为什么你们没人去医院呢?"好多幼儿都说:"一去看病医生就给打针,当病人只能躺在床上,不好玩。"教师于是与幼儿一起讨论:"医院里的医生是怎么给病人看病的?""除了打针,医生还应该做什么?""医院里除了医生还有谁?""病人去医院除了打针还会做什么?"大家七嘴八舌热烈地讨论起来。他们说,医生给病人看病会先问问病人的感觉,有哪里不舒服;会给病人量体温;会让病人张开嘴或让病人躺到床上做检查;会让病人去抽血;会给病人开药;医院里还有护士、在药房负责拿药的人、负责收费的人……通过讨论,教师与大家一起明确了小医院的游戏内容,补充了游戏规则。大家对小医院的活动又充满了期待。

(二)交流与分享的方式

交流与分享的方式有很多,具体如下:

1. 作品展示

教师可以将幼儿的作品展示出来,请大家一起观摩,由教师或幼儿进行讲解、描述、评价。美工区、建构区的活动多适用此类方式。

2. 情景再现

教师可以通过照片、录像等方式，再现幼儿活动的实况，针对有价值的片段提出问题与幼儿一起讨论。角色游戏区、表演区的活动情况以这种方式分享会更容易引发幼儿的共鸣。

3. 专题讨论

教师可以针对活动过程中观察到的有代表性的问题组织幼儿展开讨论。比如关于社会交往方面的问题以及幼儿在活动过程中出现的新问题、新方法等。教师组织幼儿以讨论的方式表达自己的观点，分享同伴的思想，通过比较、分析、论证最终获得正确的认识，习得解决问题的方法。

其实，不管采取什么样的方式，教师都应关注到对幼儿已有经验的梳理、关键经验的概括以及新经验的提升，实现经验的建构与整合，从而引导幼儿不断地积累经验，逐渐提升发现问题、解决问题的能力。同时，调动幼儿积极地参与到交流与分享的活动中来，大胆地表达表现自己，并通过高质量的交流与分享引发幼儿继续参与活动的兴趣，这也是交流与分享环节应关注的目标。

在交流与分享环节，教师需注意以下问题：

(1) 避免程式化，并不是每一次区域活动都需要分享与交流。
(2) 一定要避免将交流与分享演变成集体教学活动。
(3) 多为幼儿提供展示交流的机会，避免教师一言堂。
(4) 交流的内容要点面结合，避免泛泛而谈。
(5) 以鼓励、支持、引导为主，避免太多批评与说教。
(6) 灵活安排，时间可长可短，可以集体开展，也可以小组进行。

第四章　区域活动的观察与记录

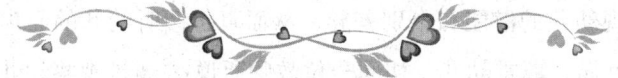

观察是最基本的研究方法。对于区域活动的观察，可以加深教师对幼儿的活动兴趣、个体需要以及发展水平的了解，帮助教师更深刻地理解幼儿，同时调整自己的儿童观和教育策略。教师还可以通过观察了解区域设置的适宜性，选择材料，设计活动。为了更好地发挥观察的作用，教师还需要记录观察的过程和结果，并对观察记录进行有效的利用。

一、为什么要观察

什么是观察？现代汉语词典这样解释：观，即看；察，即仔细地看。观察就是仔细地察看客观事物和现象。蒙台梭利说："唯有通过观察和分析才能真正了解孩子的内在需要和个别差异，以决定如何协调环境，并采取应有的态度来配合儿童成长的需要。"由此可以看出，观察幼儿是教师指导区域活动的根本出发点。

区域活动因其特有的自由、自主的特点而受到幼儿的喜爱。此时，幼儿沉浸在自己的世界中，处于最放松、最自然的活动状态，是性格、态度、能力显露最充分的时候，也是情绪情感、发展水平、个体差异展现最真实的时候。幼儿在此时不需要教师过多的要求和干预，遇到困难会主动克服。因此，区域活动时间是教师观察幼儿的最好时机，教师在此时得到的信息是最真实的，对于有针对性地指导区域活动极具价值。

1. 观察是教师理解和尊重幼儿的基础

我们知道，理解幼儿是教育的基础，观察幼儿则是深入理解幼儿的基础。通过观察，教师能细致入微地通过幼儿的外部表现了解其性格特点和已有的发展水平，了解幼儿当前的想法和需要，发现他们独自对待问题与解决问题的方式，发现幼儿的潜能和个别差异，从而真正倾听幼儿的心声，从幼儿的角度去看待问题，尊重幼儿。如同一位教师所说："通过观察幼儿，让我有机会把'触角'伸到孩子的内心世界，体会他们的感受，理解他们的行为，不断地找到与孩子沟通的方法，摸索化解孩子之间矛盾最合适的方法。与此同时，让我对每个孩子的感情更深，孩子们也更加信赖我，会趴在我的耳边告诉我他们的小秘密，会把我当做玩伴嬉戏玩闹，会拉着我的衣角，告诉我他们的'宏伟计划'。也正因为如此，才有了更加真实的故事让我去观察和分析，帮助我理解与支持孩子。"

2. 观察可以帮助教师获得幼儿在区域活动中的精准图像，利于有效指导

只有通过观察，教师才能精准地了解幼儿在区域中是如何活动的、采用了什么步骤和方法、如何使用材料、语言表达思考的情况如何、常用的表达方式是什么（肢体语言、口语、绘画、戏剧等）、与同伴和老师的交往互动如何……以观察为基础才能保证指导的针对性和实效性。

3. 观察是教师调整区域环境的依据，也是区域课程延展的生发点

区域环境是否适宜？如何及时调整？教师只有认真观察幼儿在区域中的活动情况才能找到答案，所以，观察是教师为幼儿提供适宜而有效的教育的前提之一。在获得幼儿区域活动真实情况的基础上，教师才能根据幼儿的发展水平、行为特点、兴趣倾向和学习风格，发现问题及难点，分析原因，寻找符合幼儿发展特点与学习需要的教育对策，调整教育目标，设计新的教育活动，提供有利于幼儿进一步发展的区域材料，让幼儿按自己的发展水平、速度，去选择、摆弄材料，从而保证教育的适宜性和有效性。

4. 观察能帮助教师获得科学评价幼儿的第一手资料

《纲要》明确指出:"评价必须是在日常活动与教育教学过程中采用自然的方法进行,平时观察所获的具有典型意义的幼儿行为表现,是评价的重要依据。"凭借详尽的观察,教师可以真正走进幼儿的内心世界,全面、准确、客观地评价幼儿,避免过去单凭教师主观印象评价幼儿的片面做法。

5. 观察为家园沟通提供了生动的素材

教师根据观察记录向家长讲述幼儿的一些具体事例,共同分析幼儿的个性特点和行为习惯,引领家长清晰地看到幼儿的优势和不足,找到解决问题的策略和方法,使教师和家长之间的交流更具针对性,成效更明显,家长对教师的信任感、配合的默契度也会得到大大的提高。

二、观察什么

经常听到老师们发出这样的感叹:"我想观察幼儿,但不知道观察什么。"这句话一语道出了目前教师在观察幼儿行为时普遍存在的一个焦点问题:缺乏观察的目的。那么,面对幼儿在区域中的众多行为,观察什么是需要首先澄清的问题。唯有如此,观察才能有目的地进行,观察才具有意义。

从心理学家巴克的生态心理学理论中我们知道,人的行为有许多层次,每个层次的行为都与其特有的环境相关联,研究者所要关注的是一个作为完整实体的人的行为,即具有一定的目标指向、在一定情景中(如去幼儿园的路上、在幼儿园里、在操场上)发生的具有一定意义的自主行为(如匆忙走、吃水果、拍皮球),观察这些行为,可以让教师清楚地知道幼儿在那时那刻的所作所为,而不是那种在自然条件下发生的单纯的物理行为。这些物理行为没有经过认知处理,没有组成有意义的事件。由此我们可以清晰地知道,教师所要观察的行为,并非幼儿的全部行为,而是在一定情境中反映幼儿成长发展情况的有意义的典型行为。具体分为:

1. 观察幼儿的神情、体态

神情是内心活动通过面部显露出来的表情，体态是指身体的姿势、形态。神情和体态是心理活动、实际发展水平的外在体现。神情和体态的变化及不同，标志着心理活动、实际发展水平的变化与不同，这在幼儿身上体现得尤其明显。比如：观察幼儿的眼神是专注的还是游离的，是自信的还是犹豫的，就能判定幼儿对活动的不同反应、目标的达成情况；观察幼儿注意的神态、注意时间的长短，就能分析出幼儿对活动的喜爱情况；观察幼儿的手势和坐、立体位，则能判定幼儿的态度是自信的、友好的、乐观的、庄重的、积极向上的，还是不赞同的、为难的等。

2. 观察幼儿对区域的热衷程度和参与状态

对区域的热衷程度，直接反映出幼儿当前的兴趣和需要所在，便于教师对区域设置的合理性做出判断和筛选。教师可以从幼儿进区人数的多少、进区次数的多少、进区活动的状态、在区内活动的时间长短、对区域环境和材料的喜爱程度、区内活动的专注及稳定程度等方面进行观察。

观察幼儿参与活动的状态就是观察幼儿参与活动的态度是积极主动的还是被动勉强的，活动过程中是身心投入的还是游离不定的，活动时间是持久连续的还是短暂变换的，遇到困难时是尝试解决还是易于放弃等等。

3. 观察幼儿的动作发展状况及在操作活动中的表现

"动作是完整思考过程的最后一部分。"动作幅度和密度的大小，动作顺序的先后，动作的流畅性、精确性、协调性等，都是判断幼儿动作发展水平的重要指标。幼儿在操作活动中的表现反映着幼儿全方位的发展情况，教师可根据观察目的的不同有选择地进行观察。

4. 观察幼儿使用材料的情况

在区域活动中，幼儿选择材料的目的性；所选材料的数量、种类和难易程度；操作材料的方法和习惯；解决问题的方式方法等，反映的是幼儿在认知等方面的发展变化与区别，具有重要的观察价值。

5. 观察幼儿在区域活动中的偶发行为

自然随机的观察无目的性和计划性，多是教师在无意中看到或听到发生在幼儿身上的一些特殊事件后所进行的观察，收集到的信息往往具有偶然性和零碎性，不能系统地说明某个问题，但能捕捉到意想不到的信息。

6. 幼儿的语言表达和人际交往情况

教师应重点观察幼儿在区域活动中与同伴交流和交往的情况，由此可以判断幼儿的语言发展和社会性发展水平。

自由自主的区域活动氛围为幼儿的自由交流和交往提供了更多的机会和空间，教师可以观察幼儿交往的态度是主动的还是被动的、对自身情绪的控制能力如何、对同伴情绪的理解、与同伴合作的发生、矛盾争端的解决过程等。

7. 观察区域环境背景对幼儿活动的影响

由于个体行为都不是孤立存在的，所以，观察幼儿的区域活动时，要同时关注他们所在的区域的环境背景，这对于教师准确地解释和理解幼儿的行为具有重要的意义。比如区域空间是否足够让幼儿活动？区域内的同伴行为会产生怎样的相互影响？教师参与是否会给幼儿的活动带来影响？意外的事件是否给幼儿带来了干扰，等等。

8. 观察幼儿的活动结果

幼儿区域活动的结果是多种多样的：表演的一首歌曲、讲述的一个故事、描述的一个事件、搭建的一座楼房、绘画的一幅作品……对幼儿的活动结果进行观察，可以帮助教师判断幼儿的操作结果是否达到了预设的目标要求；不能完成目标和要求的困难在哪里、原因是什么；幼儿表现出哪方面的优势、哪方面的弱势；属于什么层次水平，等等。当然，这样的判断必须是客观的、公正的，应植根于幼儿心理学、教育心理学等教育理论基础之上的，不能有偏差，因为幼儿是很脆弱和敏感的。同时，这样的判断还是发展的、非终结性的，因为幼儿是处于不断发展变化中的个体，这对教师的教育素质要求也非常高。

三、观察的方法

"工欲善其事,必先利其器"。要想取得良好的观察效果,教师必须掌握有效的观察方法。由于观察的主题和目的不同,观察的条件不同,观察的方法也各有所异。观察幼儿的区域活动,教师可以使用以下几种方法:

1. 直接观察和间接观察

按照观察的方式,可以把观察分为直接观察和间接观察。直接观察,是指教师凭借感官,在活动现场对幼儿进行的直接而具体的感知观察。

间接观察,是指教师利用一定的仪器或其他技术手段作为中介对幼儿进行的观察。在幼儿园,教师主要借助的就是摄像机、照相机等仪器设备。

2. 参与性观察和非参与性观察

参与性观察,是指教师直接参与到幼儿的活动之中,通过与幼儿共同进行活动,在活动内部进行观察。根据参与的程度,参与观察又可分为完全参与观察和不完全参与观察两种。完全参与观察,是指教师隐瞒自己的真实身份和观察目的,自然地加入到幼儿的群体中进行的观察。这一观察方式能使教师深入地了解到幼儿的真实情况,但参与过深,容易失去客观立场,对参与程度的把握有一定难度。不完全参与观察,是指教师不隐瞒自己的真实身份和研究目的,在被幼儿接纳后进行的观察。由于幼儿的接纳,所以避免了心理上的紧张,但容易使幼儿故意隐瞒或掩饰对自己不利的行为,或夸大某些表现,使观察结果失真。

非参与性观察,是指教师不参与幼儿的任何活动,完全以局外人的身份进行观察的方法。观察时教师对幼儿的活动及周围环境不加改变和控制,在自然的状态下进行。这种观察方法的优点是不受幼儿的影响,能自然地进行观察,不足之处是不容易了解到幼儿的内部活动情况。

3. 结构性观察与非结构性观察

根据观察实施的方法不同,可以把观察分为结构性观察与非结构性观察两种。

结构性观察，是指教师事先制订详细的观察计划、明确的观察指标体系，严格按计划进行的观察。这种观察结构严谨，计划周密，观察过程标准化，能对整个观察过程进行系统地、有效地控制和完整、全面地记录，但容易缺乏弹性，影响观察结果的深度与广度。

非结构性观察，是指教师事先没有详细的观察计划和观察指标体系，只有总的观察目的和要求，可以根据现场实际随时调整观察的内容和计划。这种观察适应性强，简单易行，但随意性大，收集的信息整理难度大，不容易做定量分析。

4. 时间取样观察、事件取样观察和个体取样观察

根据观察对象选择的方法不同，可以把观察分为时间取样观察、事件取样观察和个体取样观察。

时间取样观察，是指教师事先确定观察的目的，在选定的观察时间内，对区域内所有的幼儿进行全面的观察。

事件取样观察，是指事先选定所要观察的事件或行为，观察中只注意观察这些选定的事件或行为发生的背景、起因、经过、结果、持续的时间等。这种观察可以获得比较系统、完整的信息资料，便于分析前因后果。

个体取样观察，是指将观察的焦点集中在一名幼儿的身上，观察这名幼儿在区域活动中的所有行为和事件。

无论采用什么方法进行观察，观察都需要经过以下过程和步骤：

（1）明确观察目的（观察过程中要了解什么情况，应该搜集哪方面的材料）。

（2）确定观察对象、时间、地点、内容和观察方法。

（3）编制观察提纲。观察提纲可以避免观察过程太过随意和盲目。

（4）实施观察。

（5）通过观察记录收集资料。

（6）分析和反思资料，得出结论。

四、观察的记录

记录是观察的进一步延续,观察过程伴随记录可以让教师的观察更细致、更有针对性。跨时间、持续性的一系列的记录还能使教师在回顾及反思时看到幼儿的行为及学习模式,帮助教师对观察过程和观察结果进行有效的整理和分析。记录还可以提供证据来支持教师对于幼儿所做的评价,有助于提高教师观察幼儿、反思教育行为的能力。

常用的记录方法主要有轶事记录法、实况详录法、时间取样记录法、事件取样记录法、系统表格记录法、图示记录法、作品记录法和多媒体记录法。教师可根据需要选择不同的记录方法。

1. 轶事记录法

轶事记录法,是教师对幼儿在自然状态下发生的一些典型行为或偶发事件进行客观描述的记录方法。它是一种简短的记叙报告,真实客观地描述在教师看来很重要的行为。轶事记录能帮助教师分析幼儿的成长和发展过程,了解幼儿的个性特点,探讨影响幼儿发展的因素。下面是某教师对中班幼儿所做的一段轶事记录:

是爸爸告诉我的

时间:2011 年 10 月 10 日

地点:阅读区

记录教师:赵婷[*]

事件记录:

吃完早饭,孩子们整理好餐具后便去选书看。突然,我听到了成成的哭声,只见成成一边哭一边抢浩浩手中的图画书,浩浩拽着书不放手。成成说:"这是我先选的。"浩浩说:"不对,是我先选的,你骗人!"成成哭得更响了:"我没

---

[*] 山东省淄博市实验幼儿园教师

骗人，你才骗人，你才骗人……"坐在旁边的洋洋说："不对，浩浩没骗人，就是他先选的这本书。"成成一下子站了起来对着洋洋说："谁让他说我骗人了，他说我，我就得说他啊，是爸爸告诉我的。"

轶事记录法以记事为主，不受时间限制，教师可以在过程中记录，也可以事后凭记忆记录，没有特定的框架，简便易行，是一线教师最常使用的一种方法。使用时，教师要做到以下几点：

(1) 按照事情发生的顺序来记录，仅仅记录事实。

(2) 尽量把中心人物的言谈举止，在场其他人的活动以及行为发生的背景如实地记录下来。记录每一个细节，不要遗漏任何信息，特别是重要的信息。

(3) 记录过程使用描述性的词语，不要使用判断性和解释性词语，不要做任何解释。因为描述幼儿在游戏中的行动比判断性的词句所提供的信息更丰富，更易于对事件做出解释。

(4) 对事件的实际描述和对事件的解释分开来写，将"实际看到与听到的"与"自己的看法及对这些行动的诠释"区别开来，不要记录下任何没看到的东西，尽量避免可能有的偏见。

2. 实况详录法

实况详录法，是指教师在一段时间内，连续地、尽可能详尽地记录幼儿的所有表现或活动，获得观察目标所需要的全部细节，从而发现关于这些行为或现象的规律或特点。下面是某教师对幼儿合作游戏的实况详录：

有趣的数字排列

时间：2012 年 10 月 23 日

地点：数学区

记录教师：田香玲[*]

事件记录：

---

[*] 山东省淄博市实验幼儿园教师

区域活动和往常一样按部就班地进行。有的幼儿选择了刺工，有的幼儿选择了图形拓印，有的幼儿选择了数字连线游戏。然然、曦儿、齐齐、轩轩一起选择了排列数字的游戏。

然然先打开1—10的数字盒按从小到大的顺序排列起来，然后打开11—20的数字盒时却发现里边的数字很混乱，有11、15、28、82等数字，她一下子不知道该如何在操作板上摆放。沉默了30秒左右的时间，几个孩子开始商量如何摆放，最后他们决定：齐齐和轩轩负责把所有数字盒里的数字进行整理，同时然然和曦儿把数字按从小到大的顺序排列到操作板上。我发现，然然依然按照开始的方法一行一行地从小到大地进行排列，曦儿一个接一个地往然然的手里递下一个数字。突然，曦儿拿到数字"100"，只见她拿着"100"看了一会儿，又看了数字板一会儿，然后很果断地把"100"摆到了数字板的最后边，并抬头看了看我的脸。我给了她一个肯定的神情。曦儿又找到"99"放到了"100"的前面，接着找到"89"放到了"99"的上面。齐齐一直在看曦儿的操作，这时也找到"45"，从"41"后面的空格开始往后数了3个空格，放到了"45"的位置上。他们用了比以往短很多的时间把1—100的数字摆在了数字板上。

3. 时间取样记录法

时间取样记录法，是指抽取充分多的时段，把幼儿在每一时间段中的行为或语言，看成是通常情况下的一个样本，进行观察记录。这些时间段中所观察记录到的幼儿行为或语言，有助于教师得出规律性的结论。（见表4-1、表4-2）

表 4-1 中班幼儿自主阅读时眼光关注时间取样（4分钟）

时间：2011 年 12 月 6 日　　　　　　　　　　　　　　记录教师：岳娟*

幼儿姓名	眼光关注	时段 8:37'	8:38'	8:39'	8:40'
可昕（男）	读图时间、次数及表现	10"/5"/6"/8" 脸上微笑，不说话	3"/11"/10"/8" 眉头微皱	5"/4"/3"	3"/1" 开始看别人手里的书
	读字时间、次数及表现	3"/6"/1"	1"/1"/1"/2" 偶尔停下来，思考状	5"★/3"/10"/5"/8" 出现轻微"用手指"的动作	5"/2"
启隆（男）	读图时间、次数及表现	7"/15"/9"/7" 在水、车等图画上停留时间长，主动和老师交流画面内容	12"/9"/8"/15" ★	10"/9"/8"/11"	5"/9"/7"
	读字时间、次数及表现				
扬扬（女）	读图时间、次数及表现	8"/10"/2"/5" 先看了封底、封面	6"/8"/6"/6" 每翻一页，必先看图后看字	5"/7"/6"/8" 安静没有声音	
	读字时间、次数及表现	2" 看了数字"1"，与同伴交流	3"/5"/4"/3" ★	4"/6"/3"/5"	

---

* 山东省淄博市实验幼儿园教师

表 4-1 续

幼儿姓名	眼光关注	时段			
		8:37'	8:38'	8:39'	8:40'
斯晴（女）	读图时间、次数及表现	不看文字，只看图，每一页停留 10"~15"不等			
	读字时间、次数及表现			5" 看到了页码"1、2、3"和小朋友交流	

备注：10"、5"：一次阅读持续的时长为10秒或5秒；/ 为阅读次数分隔线。

★ 可昕能认识书中的部分文字，比如"喷火的家伙"、"功夫大人"等，而且当他发现通过观察画面不能弄清楚意思时，就能通过阅读文字补充对图书的理解。尽管如此，他还是习惯先读图，再读字。

★ 启隆很喜欢读书，但是他自始至终只关注画面的内容，通过观察、思考，从他的表情中可以看到笑容，说明他从中获得了快乐。但是他对书中的字认识的很少。

★ 扬扬能认识书中的部分文字，但是认不全，读了3分钟就结束了阅读活动。

表 4-2　大班幼儿自主阅读时眼光关注时间取样（5 分钟）

时间：2011 年 12 月 6 日　　　　　　　　　　　　　　　　记录教师：田香玲

幼儿姓名	眼光关注	时段				
		14:06'	14:07'	14:08'	14:09'	14:10'
佳欣（女）	读图时间、次数及表现		20"	15" 眼神游离 20"	看泓坤，字图之间游离 10"	
	读字时间、次数及表现	10" 看景然，用手指读字	5" 看景然，出声，眼游离 30"		20"	
羽尘（女）	读图时间、次数及表现	7"/8"/8"/12"/6" 先看字再看图	9"/13"/15" 眼睛偶尔看别人	6"/4"/10"/5"/6"/7"		6"/7"/12"/9"
	读字时间、次数及表现	5"/5"/3"	6"/10"	5"/4"/3"/7"	23"/35" 看文字，读出声来	3"/8"/6"/4"
泓坤（男）	读图时间、次数及表现	一直专注读图看老师 2"	一直读图	图字之间		一直读图
	读字时间、次数及表现				30" 指图读字大笑	
景然（男）	读图时间、次数及表现					
	读字时间、次数及表现	一直用手指读字				

4. 事件取样记录法

事件取样记录法，是指对某些特定行为或事件的完整过程进行的观察记录。事件取样不受时间间隔与时段规定的限制，只要所期待的事件一出现，便可记录。下面记录的是一个小班幼儿和教师的偶遇事件：

表 4-3　事件取样记录表

记录教师：岳娟

事件	日期和时间	场　景	记　　录
1	2011 年 11 月 16 日	我带女儿去吃牛肉面。快吃完的时候发现壮壮和妈妈刚刚点完餐，正在等着吃牛肉面。	我们很快吃完了，然后走到壮壮和他妈妈的身边。我喊："壮壮！"壮壮坐在位子上，眼神中有惊讶，脸上带着一点点很浅很浅的笑容，答应道："哎。"然后，就低下头看着餐桌了。 我和壮壮妈妈聊了几句，壮壮一直坐在位子上，一句话也不说，抬起眼皮看我一眼，很快地又把眼光转向餐桌，反复了两三次，看上去有点拘束的样子，不像平常在幼儿园那样放松。
2	2011 年 11 月 22 日	我和女儿正在吃牛肉面，发现壮壮和妈妈走了进来找座位。	壮壮的脸上带着笑容，看着我说："嗯！"壮壮妈提醒："叫岳老师呀，壮壮！"壮壮又补充道："岳老师！" 吃完饭走的时候，我过去说："我们先走了，再见壮壮。"壮壮一边摆着手一边说："岳老师再见！"他的眼睛看着我们，一直到门口。
3	2011 年 11 月 24 日	下午五点，我送孩子们离园，走到院子里的大柳树旁边。	壮壮突然问："岳老师，你什么时候再去吃牛肉面呀？"我说："不知道，有时候下班晚了就会去！"壮壮说："那我们再约着一起去吃牛肉面，然后见面吧？"我说："好呀！"他说："那就今天吧！"我说："今天我不能去了，改天吧！"壮壮很满足地说："好吧！"

表 4-3 续

事件	日期和时间	场景	记录
3	2011年11月24日	六点半,我正在家里做饭。	听到电话响了,一看是壮壮妈的号码,我刚说"喂",就听见壮壮在那边喊:"岳老师,你到了吗?"我很奇怪:"到了哪?"他说:"我们不是约好了在'牛肉面'见个面吗?"我明白了,壮壮以为今天就约了,我赶快解释:"我不是说今天不去吗?"他说:"为什么不去?"我说:"因为我有事呀!"壮壮又很着急地追问了几遍,我听到了壮壮妈也在旁边劝他。我说改天有时间再约他,壮壮终于答应了,同意和妈妈先回家了!

下面是某教师用不同的格式记录了一个大班女孩在一周内接纳新朋友的事件。

我讨厌她

时间:2010年12月14-19日

地点:幼儿园门厅

记录教师:王冰[*]

事件记录:

清如是12月份插班进来的孩子,和琳琳一个小组,但琳琳不喜欢这个新朋友,平时也不与她交流。为了鼓励清如多和小朋友接触,适应新环境,我经常会和她交流:"今天你又交到了哪个好朋友?你们在一起玩什么游戏了?"

12月14日

今天,当我和清如交流时,琳琳正好从旁边经过,一听我们说的话,想也没想就插话道:"老师,我就不喜欢和她交朋友,我很讨厌她!"看到大家惊讶的目光,琳琳讪讪地走开了。

---

[*] 山东省淄博市实验幼儿园教师

中午，我和琳琳谈了心。晚上，琳琳妈妈给我打电话询问节目服装的事情，琳琳接过电话问我："王老师，你告诉我妈妈那件事情了吗？"我说："这是我俩的小秘密，不说了吧。"琳琳回答："告诉妈妈吧，我都知道不对了。"

12月16日

睡前阅读时间，琳琳做完值日要去看书，发现空地方不多了。我指指清如旁边："琳琳，那儿还有一个空位。"琳琳看看，去也不是，不去也不是，站了一会儿，看看没有别的地方就过去坐下了。发现琳琳过来了，清如看看她，拘谨地笑了，琳琳也不好意思地一笑。两个人各看各的书，没有再交流。

12月19日

下午分组活动时间，清如第一次玩"停车场"的游戏，不知如何下手。我问琳琳："可以帮帮她吗？"琳琳这回没皱眉头，放下手上的拼图，开始给清如讲解。一会儿，两个小姑娘就有说有笑地玩开了。看到我在关注她们，琳琳问我："王老师，你怎么老看我？"我说："你长大了呀！"琳琳低头琢磨了一下，笑了。

5. 系统表格记录法

系统表格记录法，是指教师先确定重点观察的内容，将要观察的情景或一些可能出现的行为，预先列出项目及其分类标准，编好代号，然后绘制成记录表，教师在观察过程中将观察到的每一名幼儿的行为的代号记在记录表上，观察后再及时整理成幼儿个体的材料。系统表格记录法可以帮助教师了解在某一阶段参与该区域活动的人数、频率等，可更快、更好地把握班上孩子的发展水平和发展速度。

下面是一位大班教师利用系统表格记录的幼儿一周内在自由选区时所做的选择，这份记录表帮助这位教师清楚地了解了幼儿的不同兴趣及他们选择不同区域进行活动的意愿。

表4-4 大班幼儿选择区角活动的记录

时间:2012年3月2日—3月7日　　　　　　　　　　　记录教师:李静*

姓名	阅读区	科学区	益智区	表演区	美工区	角色游戏区	建构区
果儿			//	//			/
星润	//		/ (m)		/// (ppp)		
妮妮	//				/ (c)		//
佳玮			/	//	/// (dcc)		
浩南			//				// (ll)

备注:/代表1次;c为拼贴;d为画画;l为插塑;m为数学操作教具;p为水彩。

使用系统表格记录必须清楚地记住预先列出的项目和标准,选用的代号可按教师自己的爱好和习惯进行自编。

6. 图示记录法

图示记录法,是指用线条或几何图形记录幼儿的活动情况,一个阶段(如一周)后做统计分析,可以纵向了解幼儿的发展轨迹或智能强项、弱项等,在横向比较中把握幼儿的行为倾向和个性特点。

图示记录法直观地呈现幼儿的活动情况,改变了教师凭经验做出判断的做法,对幼儿的评价更加科学和客观。下面图4-1和图4-2是教师用线条记录的幼儿两次玩扑克牌游戏时语言互动的情况,从线条的密集程度可以直观地发现:2号幼儿语言互动的人次、频次最多,是游戏的中心人物,处于领导地位。通过与家长交流,教师了解到2号幼儿在家里经常和父母玩扑克牌游戏,并掌握了一些很好的方法来运用扑克牌进行加减法的运算,在同伴面前非常自信。

---

* 山东省淄博市实验幼儿园教师

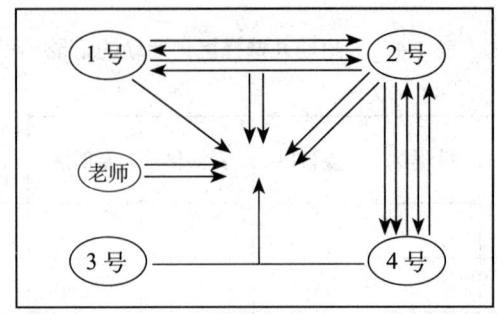

图 4-1 扑克牌游戏（一）

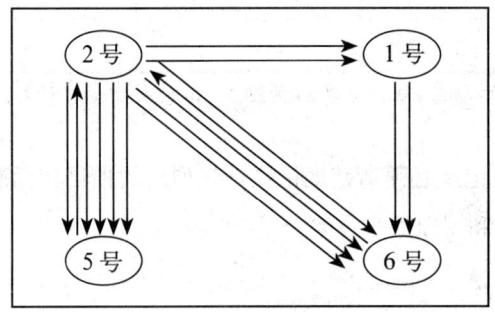

图 4-2 扑克牌游戏（二）

7. 作品记录法

作品记录法，是指对幼儿的作品进行的有规律的、周期性的、系统的记录，如幼儿画的画、写的字、建造的作品、创编的儿歌等，教师也可以记录幼儿的自我评价和反思。上海市特级教师李慰宜老师在美术活动中主要从颜色、构图、造型、画面安排、内容五方面观察记录幼儿的作品。她认为，从这五方面观察幼儿，会发现每一个幼儿某方面较好些、某方面稍差些。对发展水平慢的幼儿要找他五个方面最好的地方，培养他的自信心；对发展水平快的幼儿，要找他五个方面最不够的地方，让他处于平衡发展中。

8. 多媒体记录法

多媒体记录法，是指利用摄像机、照相机、录音笔等多媒体手段，将幼儿真实的活动情况进行完整的或重点的记录，获得真实而准确的信息。多媒体记录法可以将幼儿的活动资料长期地保留下来，需要的时候可以随时进行回放，再现或确认当时的活动情境。

五、对观察记录的分析与反思

如果一名教师不能将自己的教育行为植根于幼儿心理学、教育心理学等教育理论之中，逐步使自己的教育行为趋于自觉和理性，那么他的专业成长就只是一句空话。对观察记录的分析与反思正是帮助教师走上专业化道路的一条有效途径。那么，应该如何进行有效的分析与反思呢？

1. 结合幼儿的年龄特点进行分析和反思

结合幼儿的年龄特点分析幼儿的行为表现，能使教师从根本上把握幼儿的学习进程并施以有效的指导。分析本章"有趣的数字排列"的实况详录可以发现，大班幼儿在上学期进行数字排序时，不仅数字范围扩大，方法也更灵活：然然使用了正排序的方法；曦儿的"逆排序"思维在得到教师的肯定之后进一步向"坐标意识"萌发和拓展；受曦儿启发，齐齐借鉴了曦儿的操作方法，成功地进行了"跳跃式"的正排序。这些细节印证了大班幼儿在自主合作学习中的鲜明特点：思维处于积极、活跃、多维度的状态；基于经验的自主学习与基于同伴经验的借鉴学习交互进行；学习效率明显提高。这一发现带给教师的教学启示是：应该更多地为大班幼儿提供自主合作学习的机会，针对幼儿在活动中的不同表现实施教育指导。

2. 结合幼儿的成长背景进行分析和反思

成长背景对幼儿的成长发展具有最直接的影响。分析和反思幼儿的成长背景，及时进行调整和改善，能使幼儿的发展在积极的环境中得到促进和提高。在本章"是爸爸告诉我的"这一观察记录中：成成本是因为抢书未果而哭，因为浩浩说他骗人，抢书行为转变为"我没骗人，你才骗人，你才骗人……"的语言反击。这种无理反击让旁边的目击者洋洋产生不满："不对，浩浩没骗人，就是他先选的这本书。"面对洋洋的指责，成成的反击更加激烈："谁让他说我骗人了，他说我，我就得说他啊，是爸爸告诉我的。"通过这一段观察记录，我们可以发现：成成的行为转变和话语，清晰地反映出家庭教育背景对孩子成长的深刻影响。反思教师，则要与成成的爸爸进行沟通：教孩子在和同伴相处中自我保护是必要的，但方法要合适；方法不合适，孩子不仅不能保护自己，还会引发更多的指责，陷入更多的矛盾和困境。

3. 纵向对比中进行分析和反思

纵向的对比分析和反思，可以让教师发现和掌握幼儿在不同时期的发展水平和发展速度，是分层指导和干预的重要基础。针对本章"偶遇"的记录，我们可以纵向做出分析：第一次偶遇，壮壮"惊讶的眼神、几次躲闪的目光、坐在椅子上不知道说什么"这些表现，反映出他内心的惊喜、激动和拘谨。第二次偶遇，壮壮的目光不再躲闪了，话也多了起来，特别是道别时"他的眼睛看着我们，一直到门口"，看得出他对偶遇的留恋和不舍，他喜欢在幼儿园外面和老师偶遇并深深地记在了心里。正是这一情感需要的驱使，促成了壮壮两天后的主动"相约"——创造一次偶遇的机会，再次享受和老师偶遇的意外和惊喜体验。但是，相约的失败让壮壮期盼的心理受到了打击，一连串的"为什么不去"成为他最本能的反应和发泄，老师的解释和妈妈的劝慰都不能平息他的不满。这一纵向分析会让教师反思自己：接到壮壮电话的时候应不应该立即赴约？下一次偶遇该怎样进行？

本章"我讨厌她"的记录则提供了一个纵向分析幼儿行为、实施有效干预的成功案例。教师针对琳琳心直口快、大大咧咧、说话不注意的个性特点，首先和琳琳谈心，让琳琳懂得从别人的角度考虑问题，知道不正确的言辞会伤害别人。紧接着，教师又通过"替琳琳保守秘密、让琳琳和新朋友坐在一起看书、教新朋友玩'停车场'游戏"等一系列干预措施，给琳琳接纳新朋友的时间，静候琳琳的变化。一周时间下来，琳琳在慢慢的调整中，完成了对新朋友从不接纳到接纳的纵向变化历程，也在这个过程中感受到了帮助别人的快乐。

4. 横向对比中进行分析和反思

横向对比中的分析和反思，为教师针对不同的群体和个体进行个别化教育提供了有力支持。统计本章"中、大班幼儿自主阅读时眼光关注时间取样"的记录结果可以发现：在自主活动时比较喜欢阅读图画书的幼儿中，中班的幼儿以阅读画面为主，阅读汉字的兴趣不大，男女差异也不大（见表4-5）；大班的幼儿对阅读汉字则表现出明显的兴趣，男女差异也比较明显（见表4-6）。这给教师的阅读指导带来以下反思：对中班幼儿的阅读，要重点引导他们关注画面信息，特别是画面中的关键信息，以促进幼儿对画面内容的理解；而对大班幼儿的阅读，则在引导他们关注画面信息的同时，也有意识地引导他们关注画面文字，通过不同的渠道获取信息，促进对画面内容的理解。

表4-5 中班幼儿自主阅读时眼光关注时间取样统计

幼儿姓名	读图时间	读字时间
可昕（男）	1'17"	53"
启隆（男）	2'21"	0"
扬扬（女）	1'17"	35"
斯晴（女）	2'30"	5"

表4-6 大班幼儿自主阅读时眼光关注时间取样统计

幼儿姓名	读图时间	读字时间
佳欣（女）	35"	35"
羽尘（女）	2'30"	2'7"
泓坤（男）	3'58"	30"
景然（男）	0	1'

5. 结合心理学、教育学理论进行分析和反思

为什么幼儿在区域里的表现是这样的？这个年龄段幼儿的一般发展特点是

什么？对于很多类似的问题，教师需要借助于某些教育理论才能寻找到答案。教师只有不断地学习、丰富自己的理论知识，让理论与自己的实践对接，才能增进对区域、对幼儿、对幼儿教育的理解，提高观察评价的能力。

值得幼儿教师关注的理论有很多，尤其是下面几种：

- ◆ 斯金纳的强化理论；
- ◆ 班杜拉的社会学习理论；
- ◆ 皮亚杰的认知发展理论；
- ◆ 维果茨基的最近发展区理论；
- ◆ 科尔伯格的道德发展理论；
- ◆ 弗洛伊德的精神分析理论；
- ◆ 陈鹤琴的活教育理论。

利用《儿童发展心理学》和《学前教育学》等专业书籍，或者围绕某一主题进行文献检索，可以帮助教师了解很多他人的理论和观点，这些观点有助于教师更好地理解和分析幼儿的行为，调整自己的教育行为。

6. 结合幼儿发展常模进行分析与反思

将观察到的信息资料与幼儿的发展常模联系起来，或进行比对，可以帮助教师更精确地分析幼儿的发展状况。

常模是在身体发育、心理发展等方面代表性数值和变化的量化尺度。幼儿发展常模是专业研究人员经过多年对多名儿童的观察研究得到的一般量，或叫平均量。比如我们都知道婴儿6周左右开始微笑，大多数儿童18个月时能自己行走，3岁左右开始对交朋友感兴趣，5岁左右开始对读写感兴趣……这些都是发展常模。

把观察记录得到的幼儿发展资料与发展常模进行比较，可以帮助教师判断哪些幼儿的发展存在问题、是否需要额外的支持和帮助以及应该如何为其设计适宜的活动。

六、观察与记录应注意的问题

要提高观察活动的实效,避免观察和记录的形式化、表面化、肤浅化,让观察和记录真正有利于幼儿发展的研究,有利于区域活动的研究,有利于教师的专业成长,在观察和记录时教师应注意以下问题:

1. 观察的目的性

现阶段很多教师的观察记录很随意,也很盲目,这与观察缺乏明确的目的有关。尽管随机性的观察也会搜集到有价值的信息,但不能仅靠随机观察,有针对性的观察目的性更强,准备更充分,更有助于具体的观察活动的有效开展。即使随机观察一开始没有具体明确的目的,在接下来的追踪观察中也仍然要逐渐明确目的。

2. 观察的系统性

幼儿的发展是一个长期的连续的过程,所以,观察不是一次就能完成的,教师应该按计划对幼儿各方面的发展,也包括各个区域幼儿的表现和发展状况进行系统的、有序的、有计划的观察,不能写完一次观察记录,交上去就算完事了。观察幼儿的过程就是研究幼儿的过程,只有不停地研究幼儿才会寻找到有针对性的教育策略。

现阶段很多幼儿园老师的观察和记录缺乏跟进,仅仅满足于一个个偶然事件的记录,对于观察中发现的问题,也很少开展系统的后续研究。

3. 观察前的准备

观察是一种研究方法,要取得高效的研究成果,就应该做好充分的准备,观察前的准备工作主要包括:

- ◆ 观察计划的制订(包括观察目标、内容、时间、地点、具体方法和步骤等);
- ◆ 观察对象的选择;
- ◆ 对观察对象的前期调查了解;

◆ 观察工具的选择和熟练运用（如观察对照表、记录本、摄像机、照相机等）。

4. 观察内容的筛选

教师在观察任何一次区域活动时，面对全班幼儿和大量的信息，到底观察什么、记录什么呢？这就要求教师必须根据观察的目的进行筛选：筛选观察对象、筛选观察对象有价值的信息，寻找问题或问题症结所在。如果教师没有明确的目的，记录就会泛泛而谈，或仅有笼统、简单的描述，使观察活动流于形式，失去意义。

5. 观察记录真实、详细、客观，无偏见，无主观判断

观察记录时最基本的要求就是要实事求是，据实记录。教师在观察时，不要带个人的感情，也不要有自己的主观臆断和猜想，应尽可能把自己当做"局外人"，冷静、客观、真实、详尽地记录幼儿的行为、语言和交往状况，只有这样，才能获得有价值的具体资料。如果教师想在观察记录中写出自己的判断或分析，应该用别的字体或颜色表示出来，和客观的记录区别开来。

6. 记录后的分析、反思

一般教师观察记录之后会有自己的分析和反思。分析与反思是不同的。分析主要是指教师对幼儿在活动中表现出的语言、行为、交往等特点进行解读，并探寻原因，得出结论。反思则是教师对于材料投放或自己在区域活动中所起作用的省察，以便寻找改进工作的措施。

现阶段幼儿园教师的分析与反思呈现表面化、肤浅化等问题，这与教师普遍的心理学、教育学素养不够有关系。

7. 观察记录的交流与研讨

运用观察记录帮助教师提高研究幼儿、研究幼儿园区域活动的能力至关重要。作为幼儿园的管理者，应该重视观察记录资料的运用，经常组织开展交流活动，通过交流和对话，帮助教师拓展和丰富对于记录的意义的理解。如果能够围绕观察记录所反映的问题继续跟进教研活动，通过教研解决教师在区域活

动中存在的问题，那就更好了。

现阶段很多幼儿园注重教师做观察记录，要求每周必须写1~2篇，并有检查，但仅此而已，所以，很多教师就只是凑数，文本数量够了就好，而且因为没有体验到其作用，所以，情绪上也会比较抵触。

8. 保障幼儿的隐私权

很多教师由于缺乏对幼儿隐私权的保护的意识，在观察记录中使用幼儿的真实姓名，甚至还有其父母的姓名和单位等信息，并把观察记录随意地发布到网上、杂志上，有时还会配有幼儿的照片。如果观察研究不能保密和匿名，就会损害幼儿的权利。

- ◆ 有关幼儿的观察记录应该保存在安全的地方，除非有特殊需要，一般不外传；
- ◆ 如果要使用观察记录进行学术交流，请用匿名；
- ◆ 如果要使用幼儿的照片或成长故事，请征求其监护人同意。

9. 处理好观察记录与正常区域活动指导的关系

很多教师有困惑：观察记录如何进行？真正作为"旁观者"观察的时候，幼儿的活动管不管了？区域活动还参与指导吗？在这里，教师要明确的是观察记录是为教育服务的，不能为了记录而影响正常的保教工作，也不能为了观察记录而放弃了对幼儿的指导。

一般来讲，班级里会两名教师和一名保育员，在区域活动时间他们都应该在现场，三个人如果有很好的分工与协作，就可以帮助教师解决上面的困惑。

第五章 区域活动的指导

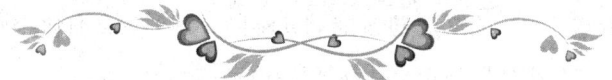

如果我们承认区域活动是幼儿园课程的一部分，那就意味着区域活动同样是教师有目的、有计划引领幼儿发展的途径和手段，所以，尽管我们反复强调幼儿在区域活动中的自主性，但并不意味着区域活动就等于自由活动，教师仍然有责任对幼儿的区域活动进行指导，只不过指导过程中应该更多的是隐性指导，更要注意指导的艺术性。

区域活动指导的核心是帮助幼儿提高活动的计划性、目的性、有效性，引导幼儿学会选择，学会共处与分享，学会创造性地使用材料，而不是仅仅管理纪律，控制纷争与噪声。教师是环境的提供者，同时也是区域活动的观察者、参与者、合作者、指导者。谨记：教师的指导是支持、帮助和引导，而不是控制。

一、区域活动指导的特殊性

区域活动是幼儿园一日活动的重要组成部分，既不同于教学活动，也不同于自由游戏，教师对于区域活动指导的特殊性应该有一定的了解。

1. 人员分散，活动众多

一般开展区域活动时，班级会有 4～6 个区域开放，而每个区域里又会有多个不同的操作活动或交往小团体，全班幼儿分散在各个角落里，对于教师来讲，组织管理和指导的难度较大，这也是很多教师不敢放手开展区域活动的主要原因。

2. 没有固定、具体的指导目标

集体教学活动中有预设的活动目标，教师指导的时候根据目标进行；但在区域活动中只有大的较笼统的目标，与幼儿阶段性发展目标（学期目标、月目标、周目标）一致，而每个区域因功能不同目标也不同，即使是同一个区域，不同时期目标也不同。此外，进区的幼儿不同，目标也会有所不同。所以，对于教师来说，要根据实际情况灵活地把握和调整指导目标。

3. 活动过程灵活多变

区域活动不像集体教学活动那样完全在教师的掌控之中。在区域活动中，幼儿可以自由地选择区域、自由地选择玩伴、自由地选择玩具材料开展自己喜欢的各种活动，而活动过程大都没有固定的程序和模式，随时都会有各种变化，如幼儿之间的交往矛盾、幼儿对材料的争执、幼儿对材料的创造性运用、幼儿兴趣的变换转移……区域活动的灵活多变必然带来教师指导上的困难。

4. 区域活动中更多的是隐性指导和间接指导

区域活动是幼儿自己选择的活动，既有游戏活动，又有自主的学习活动，由于活动过程强调幼儿的主体地位，所以，如果教师的指导过多、过硬，极易把活动引向反面，成为变质的小组教学活动。因此，教师应该更多地选择以玩伴的身份参与活动，间接指导幼儿的活动，或者利用材料和同伴进行隐性指导。

5. 区域活动中教师角色定位多元，对教师的指导要求更高

区域活动看起来好像是即使教师不指导，幼儿也可以玩得不错，但实际上教师指导与不指导、指导得好与不好使得区域活动效果差异巨大。教师在区域活动中的定位是多元的，既是材料的提供者、环境的创设者、活动的观察者，又是活动的参与者、合作者、引导者，教师只有明确自己在幼儿区域活动中的角色定位，并根据幼儿的活动情况灵活调整，才可能有效地指导区域活动，以利于更好地支持和促进幼儿的全面发展。

6. 区域活动指导方面的培训、教研匮乏，缺乏必要的支持和引导

幼儿教育的规范发展和教师专业素养的提升密切相关，2011 年年底教育部颁布的《专业标准》中,第27条、37条、38条、39条都强调教师应该掌握幼儿园环境创设的知识与方法;能建立班级秩序与规则,营造良好的班级氛围,创设有助于促进幼儿成长、学习、游戏的教育环境;合理利用资源,为幼儿提供和制作适合的玩教具和学习材料,引发和支持幼儿的主动活动。尽管如此,现阶段幼儿教师的培训和园本教研仍然关注教学较多,关注区域活动和游戏不够,导致教师区域环境创设和区域活动指导方面的知识和能力相对欠缺。

二、区域活动指导的注意事项

区域活动不是集体教学活动,它强调的是幼儿在有准备的环境中的自由、自主、自选的活动,所以,教师在指导时,一方面不能破坏幼儿活动的自主性、自愿性,不要把区域活动演变成教学活动,另一方面又能通过适宜的指导帮助幼儿更好地投入活动,获得全面的发展。在指导过程中,教师应注意以下几个方面:

1. 根据观察,确定指导的必要性和指导时机

对幼儿的区域活动进行指导有时是必要的,如笔者曾看到过有些幼儿园大班的幼儿建构游戏的水平仍然很低,仅仅停留在摞高和铺长的阶段,这就说明长期以来,幼儿的建构游戏缺乏教师的指导。由于建构游戏过程复杂,对幼儿的智力水平和动作技能的要求较高,如果没有指导,可能会导致幼儿因缺乏操作技巧丧失信心,放弃建构活动或长时间停留在敲敲打打、推来扔去的低水平游戏状态。因此,教师要对幼儿的活动进行观察,在了解幼儿认知特点和建构水平的基础上,明确引导方向,自然地进行适宜的指导。

但是,并不是所有的区域活动都需要教师指导,所以为避免教师指导的盲目性,指导之前教师必须认真观察幼儿的活动情况,了解幼儿在干什么、和谁一起、发生了什么不顺畅的情况、是否需要外力介入……根据观察的具体情况,做出是否需要介入指导的判断。

一般来讲,在出现以下几种情况时,教师必须介入指导:

- ◆ 幼儿活动有不安全的倾向时；
- ◆ 幼儿主动寻求帮助时；
- ◆ 幼儿因遇到困难、挫折、纠纷，难以实现游戏愿望时；
- ◆ 幼儿活动中出现过激行为时。

在出现下列情况时，教师需要灵活地判断介入的必要性和时机：
- ◆ 幼儿较长时间从一个区游荡到另一个区，无所事事；
- ◆ 幼儿较长时间一直做着没有结果的事或单调重复的动作；
- ◆ 区域内的幼儿较长时间没有任何语言交流和交往；
- ◆ 幼儿没做完一件事就开始做第二件事，不断换工作；
- ◆ 幼儿情绪不好；
- ◆ 区域内出现纷争却无激烈的行为发生；

……

2. 在尊重的基础上，巧妙引导

区域活动不是教师分配的任务，也不是幼儿表现好时教师给予的"恩赐"，区域活动是为了使幼儿更好地、更全面地发展的一种活动形式。强调区域活动中幼儿的主体地位，就应该尊重幼儿在区域中的各种表现，在尊重的基础上，巧妙引导。

- ◆ 尊重幼儿活动的盲目性（勿苛求幼儿按计划活动）；
- ◆ 尊重幼儿兴趣的多变性（勿苛求幼儿"从一而终"，不许换区）；
- ◆ 尊重幼儿大脑易兴奋、自制力较差的特点（勿苛求幼儿变成规规矩矩的"小绵羊"）；
- ◆ 尊重幼儿对交流和交往的需要（勿苛求幼儿时时安静不讲话）；
- ◆ 尊重幼儿的个别需要（勿苛求幼儿统一步调）；
- ◆ 尊重幼儿的创造性表现与表达（勿苛求标准答案）；
- ◆ 尊重幼儿对游戏的热爱（勿苛求幼儿学习、学习、再学习）；

……

3. 根据幼儿的年龄特点和区域功能进行有针对性的指导

幼儿各年龄段发展特点不同，教师指导的方式方法肯定不同。对于年龄较小的幼儿，教师指导时应该更少地使用语言指导，多一些示范和动作引领。对于中、大班的幼儿，教师可以更多地参与幼儿的活动，以玩伴的身份介入指导会更有利于幼儿接受，也有利于密切师幼的感情。

各区域功能不同、特点不同、开展的活动不同，教师指导的重点也不同。比如角色游戏区指导的重点是幼儿社会生活经验的迁移和交往活动；表演区的指导重点是幼儿的创造性形体表现；阅读区指导的重点是幼儿良好的阅读习惯；益智区的指导重点是思维培养和益智玩具的操作技能等。

4. 避免干预过多导致活动性质改变

一谈到教师指导，就可能会有教师误以为需要给幼儿讲点什么。笔者平日里与教师交谈时了解到很多教师有这样的想法："如果我负责任，我就应该多管管幼儿，多给他们讲点什么，否则园长会以为我不负责任。"的确，如果教师完全把区域活动等同于幼儿的自由活动，放手不管，只顾忙自己的事或到一旁休息，这些肯定是教师不负责的表现，但这不意味着负责任就一定要多管幼儿，多给他们讲解。

区域活动中如果教师干预过多，极容易改变区域活动的自由、自主、自选的性质，这也必然导致区域活动丧失自己独特的价值。

5. 以个别指导、小组指导为主

区域活动时幼儿大多三五成群分散活动，所以教师介入指导时主要是和幼儿的个别交流或小组交流，只有在活动前选区时和活动结束时的分享与交流阶段才可能会有集体指导。

6. 指导的重点应有助于幼儿的自我学习和建构

区域活动的目标是满足幼儿对室内游戏的需要和自主性发展的需求，同时强化幼儿的自我学习和建构，所以，区域活动的指导不应围绕知识的学习进行，而应更多地考虑如何发展幼儿的自主性，如何强化幼儿的主体性意识，如何帮助幼儿自主地学习和交往，建构自己的经验体系。

比如在区域活动之前，指导幼儿自主地选择区域。区域活动过程中，指导幼儿选择适宜的材料，并自主地创造性地使用材料；指导幼儿交往，用适宜的方式处理纠纷；指导幼儿创造性地表达和表现等。区域活动结束时，指导幼儿交流与分享、学会表达和倾听、学习别人的经验、建构自己的经验等。

在美工区的活动中，教师应该注重让幼儿通过观察、思考、尝试，进行知识和技能的自我学习。比如在折纸活动中，当幼儿掌握了一些基本的技能后，教师就可以把作品的制作过程用分步图示的方式贴在墙上，让幼儿自己观察、对比、操作，做到自我主动学习和思考。如果幼儿多次探索后仍不能成功，教师应发现其难点所在，有针对性地进行个别指导。在这种自我学习的过程中，幼儿既有探索体验的机会，又不至于因尝试失败而丧失信心，每个幼儿都能按自己的方法学会折纸。

7."功夫在诗外"，关注平时幼儿经验的积累是区域活动有效开展的前提

重视幼儿生活经验的积累，引导幼儿有序地观察生活是区域活动开展的基础。比如在建构区活动中，教师平时应引导幼儿多关注周围的物体形象和建筑物，了解其特点和简单的结构，积累丰富的感性经验。如大班幼儿喜欢搭建桥，教师可以利用周围环境中的桥，也可以引导幼儿观察各种桥的图片，了解不同的桥造型不一样，有拱形桥、立交桥、铁索桥、风雨桥、浮桥；材质不一样，有石质、木质、混凝土；结构和组合也不一样。如此一来，教师就可以较容易地引导幼儿思考用哪些积木来搭建桥的什么部位，怎样用积木来表现桥的结构特征和组合关系。

三、区域活动指导的一般策略

尽管各个区域的功能不同,性质不同,指导的具体策略也不同,但因为有相同或相似的特质,也都是幼儿在特定的环境中的自主活动,所以,在指导上有一些共同的一般策略。

(一)通过材料指导

区域活动中教师最主要的隐性指导策略就是通过材料物化活动目标,通过材料的层次递进引导幼儿有序地发展,通过材料的调整引导幼儿的发展方向。

"超市"游戏中,教师和幼儿一起搜集丰富的材料,如各种食品的包装盒、生活用品的包装盒、瓶瓶罐罐、各种玩具等,让幼儿通过清点物品、货物上架等活动认识物品,进行分类活动、数数活动、对应活动。

除了上述的搜集物品、布置小超市之外,教师还可以通过调整物品的摆放、增加价格标签、投放模拟钱币等,引导幼儿开展购物活动。这样,不但有助于幼儿角色意识的确立,培养其交往能力,还可以把幼儿学过的数学知识有机地融入到游戏中,提高幼儿对人民币的认识和10以内数的加减运算能力。

(二)通过伙伴指导

区域活动中,幼儿会自然地进行分组,三三两两一起游戏,所以,教师应该充分地利用其伙伴之间的关系进行适宜的指导。

1.相互学习和模仿

教师经常能看到幼儿在小组内活动时会彼此模仿,游戏活动会因为幼儿之间的相互学习和模仿不断出现新的创意和转机。

中班幼儿在建构游戏区玩插塑玩具时,一个幼儿插了一支枪就开始玩打枪

游戏,其他幼儿纷纷效仿,建构游戏很快有了"假装"的性质,演变成为象征性游戏。

2. 以强带弱

幼儿之间的相互学习会随时随地发生,自然无痕,以强带弱是区域活动中一种自然的学习状态。

因为建构游戏对认知和动作技能要求都比较高,所以有些幼儿经常会表现出低水平状态,因此教师可以鼓励幼儿相互之间搭伴玩。一个群体中只要有一两个幼儿搭建水平较高,这个群体的搭建技能就能很快地得到提高。孩子之间的以强带弱、互相学习能力在建构活动中表现得非常突出。

3. 设置共同任务,引导分工与协作

利用同伴资源,引导分工合作,共同完成任务是教师隐性指导很重要的策略。因为同伴之间比师幼之间更容易沟通,所以,对于中、大班幼儿的区域活动,教师就可以通过共同任务的设置,启发幼儿做出合理的分工,协作完成作品或任务。

中班最近的主题是"我爱我家",所以,关于"自己的家"和"小动物的家"幼儿积累了丰富的经验。区域活动时,建构区的幼儿仍然各顾各地忙乎,教师不失时机地问幼儿:"想不想搭建一个我们共同的家——幼儿园?"幼儿听到后很高兴,纷纷举手表示赞同。接着,教师提示幼儿想想:"咱们的幼儿园都有什么?""你们怎样分工才能搭建出我们美丽的幼儿园?"由于教师帮助幼儿尽快地确立了共同搭建的主题,让幼儿更有效地进行分工合作,因此,推动了幼儿搭建游戏的有效开展。

4. 妥善解决冲突与矛盾

同伴间的相互接纳是成功合作的保证,但在共同游戏时,幼儿各有各的想法,当彼此间发生争执时,要想使游戏能够继续下去,他们必须做出让步,并且协商解决争执。在这个过程中,幼儿会学到协商、退让、轮流、守规则,甚至据理力争等交往技能,发展出良好的同伴关系。

(三) 通过参与活动指导

在区域活动过程中,最有效的指导策略就是教师参与幼儿的活动,作为玩伴的身份指导幼儿的操作活动或游戏活动。这种指导方式简单又自然,不会给予幼儿压力和距离感,又能更真切地感受和了解幼儿的想法,使指导更有针对性、更有效。教师参与幼儿的活动有以下两种方式:

1. 平行介入指导

所谓平行介入的方式,是指教师和幼儿一样,平等地去玩区域里的玩具和材料,不直接和幼儿发生交往活动,即各玩各的。有时候教师还可以边玩边自言自语。因为幼儿的模仿能力极强,教师的玩法很容易成为幼儿模仿的对象,从而引导幼儿的操作方式。一般来讲,建构区、美工区、阅读区等区域的活动都很适合教师采用平行介入的方式引导幼儿的活动。

小班建构区活动中,明明正在把纸盒子摞高,可是总是摞了不到5个纸盒就倒了,明明看起来有些沮丧。教师看到他有放弃游戏的苗头,就坐到他身边,也拿纸盒开始摞高,而且还一边摞一边说:"我把大纸盒放在下面,再把小一点的摞上来,这边对齐了,再继续……"明明也学着老师的样子又开始了游戏。

2. 交叉介入指导

所谓交叉介入,是指教师以角色的身份参与活动,与幼儿共同游戏,在游戏的情景中了解幼儿的游戏情况,展开师幼互动,引导幼儿游戏的进展。教师一般扮演其中的一个角色,可以根据幼儿游戏情节的进展,灵活地借助游戏的

语言或行为,帮助幼儿丰富游戏内容和情节,提升幼儿的游戏水平。

区域活动开始了,"医院"里的幼儿有的扮演医生,有的扮演护士,但因病人无几,有些无所事事。这时,娃娃家的丽丽手里拿着一块积木,凑到李老师的嘴边说:"李老师,你吃饼干吧。"李老师便假装真的吃了,接着就捂着肚子喊肚子疼。"医院"的医生和护士马上跑过来看,李老师便越发大声地叫起来:"哎哟,哎哟,疼死我了!""医院"的孩子们扶着李老师躺到床上,有些着急但不知道该怎么办:"李老师,李老师,你怎么啦?""李老师是不是中毒了?"李老师回答:"可能刚才吃的饼干有细菌,医生,该怎么办呢?"幼儿这才想起自己的角色来:"我来给李老师打个消炎针吧。"小护士也跟着忙起来了,于是,救助活动开始了。有的幼儿听李老师的心跳,有的幼儿摸李老师的胸口,有的幼儿拿出针管,假装给李老师打针。

(四)通过引导讨论指导

中、大班的幼儿不仅表达能力增强,而且有自己的主见,因此教师可以通过活动前的讨论帮助幼儿增强活动的计划性和目的性;通过活动过程中的讨论丰富幼儿的活动内容,及时解决活动中的小困难、小冲突;通过活动结束后的讨论,帮助幼儿分享成果,提升共同经验。

1. 活动前的讨论

区域活动前,教师可以重点围绕以下问题组织幼儿展开讨论:

◆ 你想去哪个区域玩?玩什么?

◆ 有没有更好玩的主意?

◆ 玩的时候应该注意什么?

每次讨论应有重点话题和重点幼儿,避免面面俱到,耽搁太多时间。教师应该重点关注那些经常不知道自己要干什么的幼儿、每天计划都相同的幼儿以及经常无法实现计划的幼儿。

活动前的讨论重点是帮助幼儿逐渐增强活动的目的性和计划性，同时帮助幼儿获得别的幼儿的丰富的想法的启示，逐步提高幼儿的自主学习和建构能力。教师要避免把活动前的讨论演变成纪律要求。

2. 活动过程中的讨论

幼儿在区域活动过程中会出现各种问题导致活动无法顺利地进行，如因纠纷无法实现计划；因困难放弃活动；因发展水平导致原地重复……教师可以随时组织小组幼儿进行讨论，寻求解决的办法。

娃娃家里，几个孩子正在发牢骚："没有冰箱，也没有电视，这算什么娃娃家呀！""就是，太不好玩了！"看到坐在沙发上满脸不高兴的孩子，教师走进娃娃家，针对他们的问题组织大家一起讨论。"我们怎样才能让娃娃家变得好玩？什么东西可以拿来当冰箱？什么可以用来当电视？"教师的问题引发了孩子们的热烈讨论，他们不仅找来了纸箱当冰箱和电视，还从备用材料区找来一个小油桶当饮水机……娃娃家的家居用品越来越多，孩子们玩得既开心又满足。

3. 活动结束后的分享讨论

区域活动结束时，教师可以组织幼儿集体分享和讨论活动，帮助幼儿展示成果，获取同伴的经验资源，提升全体幼儿的经验水平。

（1）作品分享。教师可以请幼儿先别收作品，大家都去不同的区域参观幼儿的作品，鼓励幼儿相互交流，学习分享。教师也可以把部分区域的作品拍摄下来，请幼儿通过屏幕共同欣赏。在这个过程中，鼓励幼儿大胆表达，同时培养幼儿学习倾听，并学习别人的经验，提升自己的能力。

（2）问题讨论。区域活动过程中出现的问题，如果具有一定的普遍性，如角色扮演的问题、纠纷处理的问题、材料的创造性使用的问题、规则的遵守问题等，教师可以有重点地组织幼儿讨论，通过讨论，引导幼儿学习解决问题的方法，提升幼儿自主的管理能力和学习能力。

四、人际纠纷

幼儿在区域活动中易产生人际纠纷,一方面是因为幼儿活泼好动、自我中心意识强、行为情绪化、易冲动、自控能力和调整能力差等年龄特点;另一方面与区域活动的特点有关系,幼儿在自由的区域活动中经常会处于兴奋状态,难免就会出现各种冲撞,又因为处理矛盾冲突的经验和能力都很有限,如不及时干预人际纠纷就会迅速升级,教师如果不重视这个问题,不仅区域活动无法顺利开展,而且会制约幼儿的情绪情感的发展和社会性发展。

《纲要》强调幼儿应该"理解并遵守日常生活中基本的社会行为规则","乐意与人交往,学习互助、合作、分享、有同情心"。所以,教师应该在帮助幼儿解决人际纠纷的过程中,帮助幼儿不断地克服自我中心意识,引导幼儿学会尊重、欣赏,学会宽容和接纳,学会自主解决人际纠纷,并在解决纠纷的过程中,学会合作与分享。

(一)区域活动中易出现的人际纠纷

区域活动中,幼儿容易出现争抢区域、争抢角色、争抢玩具和材料、破坏游戏和规则、破坏别人的作品等行为。

1. 争抢区域

班级中有些"热门区"每次都会"人满为患",这就可能在选区进区时出现幼儿争抢的现象。尽管有时候教师反复强调谦让,但幼儿并不想放弃玩自己喜欢的区域的机会,所以,就难免会出现纠纷。

2. 争抢角色

幼儿进入角色游戏区和表演区游戏,就会有角色选择和角色扮演的问题,有时大家都喜欢某个角色就会出现争抢现象。比如在娃娃家游戏中,大家都想当妈妈和爸爸;在小医院游戏中,大家都想当医生;在餐厅游戏中,大家都想当厨师……被争抢的角色大都是幼儿所熟悉的,区域里玩具材料较多和新颖的。

3. 争抢玩具和材料

区域中的纠纷大多与玩具材料有关。由于幼儿喜欢游戏的天性直接表现为喜欢玩玩具和摆弄材料，所以，在区域活动中经常会出现争抢玩具的现象，如果双方都不肯放弃和谦让，必然就会出现争执和纠纷。

4. 破坏游戏和规则，干扰活动

有些幼儿会因为消极情绪如不满、愤怒等，故意破坏游戏规则和别人的游戏，也有些幼儿可能会因为无意的行为导致对活动的干扰，只是因为不会解释和道歉而导致纠纷产生。

5. 调皮、爱动，加上习惯性小动作导致纠纷

因为活泼好动、太过调皮导致有些幼儿在活动中坚持性差，玩一会儿后就开始心猿意马、不专注了，开始在区域中推这个人一下、拍那个人一下，打打玩玩，于是就惹来不满，导致纠纷。

6. 参与游戏太过唐突导致不满和争执

后来的参与者在插入某个游戏中时，需要注意时机，需要一些技巧，这正是幼儿所欠缺的，所以后来的参与者在游戏中很容易像个"侵略者"导致原来的游戏群体的一致反对和抗拒，于是，纠纷出现了。

7. 破坏别人的作品

每个幼儿都很珍视自己的作品，但有些幼儿会故意破坏别人的作品来表达不满，或者欺负别人；也有些幼儿是因为无意识的动作，不小心破坏了别人的作品，没有得到别人的原谅导致了纠纷产生。

8. 打人、推人、咬人、骂人等

打人等行为带有一定的暴力倾向，向来不被群体接纳，但因为幼儿年龄小，语言表达能力、体察别人情绪的能力、行为自控的能力都比较差，遇到不满时就会打人、咬人或推人。如果幼儿原有的家庭教养方式过于简单、武断，也可能会导致部分幼儿无意识地习得这种不正常的处理纠纷的模式，并带到幼儿园的活动中来。

9. 独占角色或玩具引发的争执

在一个区域中游戏时，几个幼儿需要不断地讨论交流，以协调角色的行为和游戏的进程。有些幼儿喜欢某些角色或玩具便想独占，不肯按规则轮流，这就易引起别人的不满，发生纠纷。

10. 无意碰撞或误解引发的纠纷

在区域中无意碰撞到同伴时，幼儿不会解释和道歉，于是产生冲突；也可能由于互相的误解引起矛盾冲突。这些纠纷都与幼儿对自己行为结果的预知能力差和表达能力差有关系，也与幼儿相互间的共情能力差有关系。

（二）引导幼儿解决人际纠纷的策略

幼儿在区域活动中出现的人际纠纷是由幼儿时期特定的年龄特点引起的，教师应该多多学习有关儿童心理发展的知识，增加对幼儿认知发展、情绪情感发展、社会性发展的认识，辩证地看待幼儿之间的人际纠纷。

尽管纠纷会引发混乱，甚至会有幼儿的负面情绪和负面行为，影响活动的正常进行，但纠纷也不一定都是坏事，教师应该通过各种途径和方式方法，灵活地帮助幼儿学习解决纠纷的策略，以保障区域活动的顺利开展。在这个过程中，教师还要帮助幼儿学会客观地对待自己的情绪，正确地表达自己的诉求，学习与同伴沟通、协商、互助与合作的技能，推动幼儿良好社会性的发展。

1. 避免纠纷的策略

班级区域环境的整体布局和空间的合理安排会直接影响到区域活动的有效性，所以，若要避免幼儿之间不必要的纠纷出现，适宜的空间布局、合理的动静分割、开放与封闭的结合、独立与组合的结合都会有效减少幼儿之间的纠纷。

在区域中，材料的选择是否适宜、数量是否充足、摆放位置是否合理也很关键，如果材料的选择和投放马马虎虎，同样会加剧幼儿之间的纠纷。

区域活动时，人数过多也会增加发生纠纷的概率，所以，每个区域应根据面积大小和材料多少以规则的形式限定人数，并在活动中始终如一地帮助幼儿理解规则、遵守规则，培养幼儿形成良好的区域活动常规。

2. 解决人际纠纷的策略

解决幼儿在区域活动中的纠纷最基本的原则就是不越权、不代办，尽可能帮助幼儿自行寻找解决纠纷的办法，除非有安全问题。

很多调查研究发现，幼儿自行解决纠纷常用的方法由多到少排序是：告诉老师/请求帮助、自己协商、退让/回避、哭、赔礼道歉、谦让、讲道理、不相让/还击、其他小朋友帮助解决等。根据笔者的观察和调查发现，告诉老师是很多幼儿面对纠纷时的第一反应，所以，在幼儿园里教师会不胜其烦地面对幼儿的告状行为，这一方面说明幼儿对教师的依赖，是由幼儿的年龄特点决定的，另一方面也说明我们教育存在的问题，教师仅仅把纠纷看成了麻烦，却忽视了利用纠纷培养幼儿独立解决问题的能力。教育不应该仅仅培养爱告状的孩子。

（1）客观冷静地看待幼儿之间的纠纷，静观其变，不急于解决纠纷。对于那些没有什么安全隐患的"小打小闹"的争执，教师可以先冷静观察，不要急于介入，因为过早地介入容易干扰幼儿的活动，也容易降低幼儿自己面对纠纷的承受力和解决问题的能力。其实，如果教师不着急，就会发现激烈争执的双方转眼就会和解。孩子们世界的交往规则孩子们自己知道，也会慢慢地去学习和遵守。

（2）帮助幼儿学习使用规则解决纠纷。应该说区域规则是对所有人如愿开展区域活动的保障，而幼儿之间很多的纠纷是来自于个别幼儿对规则的漠视，所以，教师应该鼓励幼儿学习使用规则解决人际纠纷。比如争抢玩具、独占玩具等行为出现时，教师就可以引导幼儿一起梳理区域规则，让大家讨论"谁先拿到，谁先玩"、"每人只能拿一盒积木、一本书、一件玩具"、"使用完毕放回原处"等规则的必要性，并保障遵守规则的幼儿的权益。

（3）帮助幼儿认识到行为有因果关系，人人都有感受，解决日常人际纠纷不止一种方法。幼儿出现破坏性行为时，既与其自制力差有关系，也与其对于自己行为的后果缺乏预见性有关系，所以，教师应该帮助幼儿认识到自己的行为和后果的关系，避免因自己的不良情绪给别人带来麻烦和伤害。同时，帮助幼儿理解别人的感受，良好的移情和共情能力会帮助幼儿消除很多不良行为。

面对纠纷，幼儿学会先思考再行动会逐步减少自己的冲动性行为。教师可以帮助幼儿思考用不同的方法来解决一个问题，并学会在多个解决方法中判断哪个最合适，这可能比马上采取行动阻止幼儿的行为更有益。

(4) 适当地让幼儿"自食其果"，会有助于幼儿认识到自己的不良情绪和不良行为。对于幼儿某些不带有身体伤害的不良行为，让其承受行为的不良后果。比如幼儿独占玩具不肯分享，其结果有可能是他会被小伙伴疏离，没有人愿意和他玩，他就得承受被"孤立"的后果；如果想要和小伙伴一起玩，就得放弃独占的行为。逐渐地，谦让、分享、协商会成为幼儿世界的交往规则，人人遵守。

(5) 帮助幼儿学会沟通，用语言表达要求和情绪，而不仅仅使用哭泣或拳头。每个幼儿在区域活动中都会有自己的需要，都想按自己的想法活动，这是幼儿自我意识发展的表现。但在群体活动中，彼此之间就会有观点、行为上的不一致，甚至冲突，所以，幼儿之间出现纠纷再正常不过，教师应该帮助幼儿学习用语言表达自己的愿望和情绪，而不是任性地哭闹，更不可以打人、伤人。

(6) 及时鼓励、肯定和表扬，强化良好的行为。对于幼儿在区域活动中表现出来的宽容、忍让、谦和、分享的行为，教师可以及时给予肯定和鼓励，以正面强化的方式固化幼儿的良好行为。对于幼儿在纠纷出现时自主选择的良好的解决方法，教师也要多关注，并及时推广给其他幼儿，帮助更多的幼儿提高解决人际问题的能力。

(7) 建立必要的惩戒规则。对于反复违反规则、故意损坏玩具材料、出现暴力行为的幼儿，教师可以给予必要的惩戒，如暂停游戏、到反思角静坐3分钟等，目的是让幼儿平复心情、认识到自己的错误、认识到遵守规则的重要性。需要注意的是：对幼儿的惩戒要慎用、少用，因为滥用惩戒会使幼儿对惩戒失去敬畏心理；在幼儿接受惩戒的过程中，教师要密切关注幼儿的表现，切不可放任、遗忘幼儿；惩戒结束后，教师要针对其表现，进一步引导其认识并改正自己的错误。另外，教师可在反思角投放沙漏或闹钟帮助幼儿计时，还可以投放班级规则小书供幼儿进一步明确规则。

（三）注意避免的问题

面对幼儿在区域活动中出现的纠纷，教师切忌简单、表面地解决问题。

1. 不观察、不调查，不问原因就批评

教师自己情绪不够好或工作很忙、很累的时候，很怕幼儿争执，也很烦幼儿告状，所以，有时候会"不问青红皂白，各打50大板"，凭自己的观点批评双方。

2. 简单地要求幼儿讲和道歉

有些教师秉持"和为贵"的理念，简单地认为幼儿都是好朋友，没啥大不了的，双方都说声"对不起"，握握手就算和好了，问题也就解决了。

3. 自己当"裁判"，武断地裁定是非

有些教师太过权威和武断，当幼儿区域活动中出现纠纷时，就出面当"裁判"，武断地判断谁是谁非，而不顾及幼儿的情感和自主性。

4. 喜欢说教

有些教师缺乏相关的教育知识和教育机智，在幼儿出现纠纷时，就只会说教，要小朋友相互谦让、合作、互助等，而不管幼儿自己内心真实的感受和想法，也不管说教的实际效果。

5. 不闻不问，不了了之

对于幼儿之间出现的纠纷，只要不流血、不出安全问题，有些教师就懒得管，即使幼儿来告状，教师的反应也是"这点小事还用告诉老师，自己看着办吧"。只要孩子们不再打架了，教师也就觉得问题解决了。

教师的这些不当的处理方式不仅无法帮助幼儿解决问题，无助于幼儿区域活动的开展，而且可能会导致幼儿之间的纠纷升级、幼儿内心不服，导致幼儿习得教师简单的处理纠纷的模式，不利于幼儿社会性的发展。

五、各区域指导要点

教师在掌握区域活动一般指导策略的基础上，还应根据各个区域的性质、功能、活动目标来确定各区的指导要点，在对幼儿区域活动细致观察的基础上给予幼儿适时、适度、适当的指导，从而充分发挥区域活动在幼儿成长发展中的独特作用，促进幼儿多方面能力的发展。

(一) 角色游戏区

从角色游戏区的活动内容、主要功能、基本特点考虑，角色游戏区的指导要点应包括以下几点：

1. 角色分配

在角色游戏区，幼儿常常会因为角色分配的问题出现纠纷，往往是因为大家都想扮演某个角色或者都不愿意扮演某个角色而争执不下，僵持在那里，导致游戏无法顺利地进行。因此，如何指导幼儿学会快速、合理地分配角色是保证游戏顺利开展的第一步。

（1）增加"冷门"角色的吸引力。幼儿对角色的偏好一般是由幼儿对该角色的了解程度、喜爱程度和角色在游戏中的重要程度以及这个角色可以做的事情的多少、好玩与否来决定的。因此，教师可以通过与幼儿共同分析了解游戏中各个角色的任务、作用，还可以通过讨论来丰富、拓展游戏中某些角色的任务，增加"冷门"角色对幼儿的吸引力。

区域活动开始了，三名幼儿选了娃娃家的游戏。男孩毫无争议地当选爸爸的角色，"妈妈"和"宝宝"的角色分配却出现了问题。两个女孩子都要当妈妈、谁也不想去当宝宝。她们都觉得当宝宝没意思，光等着妈妈喂饭，什么都不能做，而当妈妈就可以做许多事情了。教师先请两个女孩子一起讨论妈妈可以做什么。"妈妈可以去超市买菜，在厨房里切菜、烧菜，还可以喂宝宝……"教师又跟她们一起讨论孩子可不可以陪妈妈一起逛超市，可不可以帮妈妈择菜，可不可以帮妈妈照顾小弟弟（玩具娃娃）。之后，教师又提出问题："在你的家里，当妈妈在忙的时候，你会做什么？"两个女孩子说："可以看书、玩玩具，可以让爸爸讲故事，还可以跟爸爸出去玩……"不等讨论完，一个女孩子就迫不及待地说："好了好了，我要当宝宝！"教师又给"妈妈"提建议："别总是忙着做事，要跟爸爸一起多陪陪宝宝，那样才是好妈妈。"活动开始了，三个人在娃娃家有说有笑，一会儿爸爸陪孩子去医院看病，一会儿孩子又忙着给在厨房做饭的妈妈端茶，娃娃家里其乐融融。

（2）协商讨论，明确分配角色的方法与规则。教师还应该引导幼儿对于如何分配角色发表自己的看法，尤其是对于中、大班的幼儿，教师应倾听他们的想法和意见，然后共同梳理、总结分配角色的方法与规则，如先到先选；个人报名，集体表决；轮流担任等。教师指导的过程也是引导幼儿学会思考问题、解决问题的过程。

2. 角色扮演

幼儿对游戏所模拟的生活场景以及自己所扮角色的相关经验会在很大程度上影响幼儿角色扮演的水平；而幼儿的年龄特点和社会性发展水平以及在游戏中的投入程度也是决定幼儿在游戏中角色扮演水平的重要因素。因此，在幼儿游戏开展过程中，教师要通过细致地观察幼儿在游戏中的表现，发现问题、分析原因，给予幼儿适时、适当的指导。

（1）语言提示、道具提醒，帮助幼儿回归角色。小班幼儿的角色意识不强，往往在游戏过程中沉迷于材料的操作或因注意力的转移而忘记自己所扮演的角色。

娃娃家中的"爸爸"去超市买菜，回来的路上看到建构区正忙得热火朝天，立马被吸引了。于是他将菜篮子放在一旁，就加入了建构区的活动。教师关注到这一情况，继续观察等待了一段时间，看到这位"爸爸"仍然没有回家的意思，

就走到他身旁悄悄地对他说:"快拿上菜回家吧,妈妈还等着做饭呢!""爸爸"终于想起来自己还是娃娃家的"爸爸"呢,赶紧提上菜回家了。

除了语言提示,利用角色游戏区的道具也可以起到提醒幼儿回归角色的作用,如娃娃家妈妈的围裙、爸爸的眼镜;小医院里医生的白大褂、听诊器等。

(2)拓展游戏内容,丰富角色的行为和语言。帮助中、大班的幼儿丰富角色的行为和语言是教师指导的重点,也是提升幼儿游戏水平的重要影响因素。由于社会经验及游戏水平的限制,幼儿在游戏过程中,往往出现角色语言贫乏、角色行为单一等情况,致使角色扮演的水平较低。因此,教师应该通过与幼儿共同分析角色的特点、拓展游戏情节等方式,增强幼儿对角色的理解和对游戏的热情,从而丰富幼儿在游戏中的角色语言和行为,提升幼儿角色扮演的水平。

客人到美食餐厅来了,服务员请客人坐好,递上菜谱,等客人点好菜,把做好的菜端上桌,就无事可做了。整个过程中除了"请坐"、"请点菜"、"您的菜来了",服务员几乎没有其他的语言。教师观察到这一情况,特意找到幼儿园附近的一家生意不错的小菜馆,征得同意后将服务员热情地招揽顾客、介绍招牌菜、推荐新菜品等过程拍摄下来,与幼儿一起观看、讨论。"这个服务员做得怎么样?她是怎么招呼客人的?她在客人点菜的时候是怎么介绍的?她为什么要向客人推荐新菜?她是怎么说的?"幼儿纷纷发言,并模仿服务员的语言与动作。活动过程中,教师又通过扮演顾客、扮演服务员等方式,启发引导幼儿。渐渐地,美食餐厅里热闹非凡,顾客盈门,"服务员"热情地招揽生意,为客人介绍菜点,他们甚至会为顾客讲解特色菜的营养成分、传说故事……

3. 关注对幼儿角色交往的指导,提升游戏水平

角色之间的交往,是推动角色游戏深入开展的关键,也是实现幼儿社会性发展的重要渠道。因此,在角色游戏开展过程中,教师要在帮助幼儿提升个人

角色扮演水平的同时，关注到对幼儿角色交往方面的指导。

角色游戏区的活动有时会出现各个角色都专注于自己的"工作"而缺乏交流的现象。教师应鼓励幼儿共同游戏，并通过多种方式创造机会，促进幼儿在游戏中的角色交往。教师可以通过介入指导的方式参与到幼儿的游戏中，主动引发互动，以影响带动其他角色间的交流。

教师发现在娃娃家游戏的幼儿大多一直待在家里，很少出门，于是扮做宝宝的姑姑来做客，并邀请他们全家到刚开业的火锅店吃火锅，还建议爸爸妈妈要带宝宝定期去医院看牙齿、检查身体，还可以到小剧场去看演出。在交流与分享环节，教师又请娃娃家的小主人们与大家分享他们的活动，并让大家讨论："汽车城的维修工可不可以去医院看病？""医院的医生、护士什么时候可以去餐馆吃饭？"……在接下来的区域活动中，各区域之间的互动增加了，角色之间的交往也越来越多了。

4. 关注游戏内容的拓展与游戏能力的提升

当幼儿积累了一定的游戏经验，游戏活动渐趋成熟时，教师的指导重点应该放在游戏内容的拓展和游戏能力的提升上来。教师可以通过介入指导和讨论协商等方式，给予幼儿以启发和引领，为幼儿打开思路，提高与同伴合作解决游戏问题的能力。

新开业的"必胜客"餐厅生意有些冷清。在区域活动结束后，教师组织幼儿一起讨论怎样让餐厅生意好起来。大家一起出主意，最后决定利用发宣传单的方式上门推销，还增加了外卖服务。通过游戏内容的拓展，不仅使餐厅的生意红火起来，更重要的是，启迪了幼儿去思考如何让游戏玩得更好、如何与同伴共同努力解决困难，独立游戏的能力显著增强。在接下来的游戏中，他们自发地讨论，推出了"吃匹萨送玩具"的赠送活动，吸引了更多的小顾客。

5.关注活动结束环节的指导

角色游戏区最好以游戏的方式结束,如医院下班了、餐厅关门了等。然后,再指导幼儿以角色的身份收拾整理区域物品。

(二)表演区

表演区的活动内容一般有故事表演、童话剧表演、歌舞表演等。教师要根据表演内容的不同以及幼儿的身心发展特点和水平有针对性地进行指导。

1.确定表演内容

幼儿在表演区,既可以进行故事表演,又可以进行歌舞或童话剧表演。因此,当几名幼儿同时选择表演区的活动时,如何针对表演内容达成一致,是保证表演游戏顺利进行的第一步。教师可采取引导幼儿共商规则、图示提醒的方式予以指导,比如教师可以将表演区的活动流程以图示的方式呈现出来:选择内容—分配角色—开始游戏—收拾整理,以此提示幼儿先要协商选择表演内容。

教师也可以通过材料投放的方式帮助幼儿进行选择。比如,在表演区的墙面上用卡片展示幼儿熟悉的表演内容,幼儿协商选定当天的表演内容之后,将相应的卡片张贴到表演区门口的宣传海报栏中。也可分别用不同的筐子盛放不同主题的表演道具,并用图示和文字标示出来。比如把故事《拔萝卜》的道具、头饰等都盛放在一个筐子里,在筐外贴上表现该故事情节的画面和文字,以帮助幼儿在选择时目标更清晰。

2.分配角色

可参照角色游戏区中的指导方法。

3.提升表演技能

有些幼儿在表演区仅仅满足于装扮活动,缺乏角色表演的意识和能力,所以,指导幼儿用丰富的表情、动作、语言进行表演是表演区指导的重点,但是,应该注意凸显其游戏性,避免成为刻板的表演活动。

(1)故事表演及童话剧表演。这类表演的指导重点不在于幼儿是否能完整复述故事中的语言,而在于幼儿能否根据故事的主要情节和故事人物的主要特征进行生动形象的、创造性的角色表演，包括动作、语言、表情、语气、声调、体态等。

（2）音乐歌舞表演。音乐歌舞表演游戏可以借用音频、视频等手段的协助，降低幼儿表演的难度，增加幼儿表演的趣味性，指导重点包括创造性动作表现、情感表达等。

对于表演技能的指导，教师首先要与平时的生活活动、教学活动紧密结合，有针对性地引导幼儿学习，积累经验。比如在音乐教学活动中，教师可有意识地播放一些适合幼儿观看的音乐歌舞表演，引导幼儿观察、模仿演员的表情、动作，启发幼儿通过模仿、练习掌握一些具有代表性的歌舞的典型节奏或基本动作，帮助幼儿积累自主表演的素材与经验；在语言教学活动中，教师可以引导幼儿在充分理解故事内容的基础上，去揣摩角色的特点及心理变化，学习如何通过语气、动作、体态的变化表现出来。其次，教师还可以通过自身的表演去感染、带动幼儿。再者，教师与幼儿一起分析角色，能够帮助幼儿掌握角色特征，有利于幼儿富有创意地去表演。

在表演童话剧《没有牙齿的大老虎》时，幼儿的表演仅仅局限于说几句台词，表情与动作都非常的单调。慢慢地，幼儿表演的兴趣也不高了。教师召集"小演员"们一起来讨论剧中主要角色的特点。比如老虎又凶猛又霸道，怎样才能用动作表现出来呢？走路时身体是怎样的？脸上的表情是怎样的？眼睛要如何？嘴巴要怎样？通过讨论，一只只凶猛霸道的"老虎"被孩子们表现出来了。聪明又机智的狐狸怎样才能让老虎相信自己的话而去乖乖地吃糖、坚决不刷牙呢？教师请几名幼儿都来扮演狐狸，看看老虎会听哪只狐狸的话。每个扮演狐狸的幼儿都使出浑身解数，边演边说，他们的表演变得生动而富有创意。

值得注意的是，尽管我们希望幼儿在表演区能投入、富有创造性地表演，但毕竟这是幼儿的自主游戏，教师在指导时应避免随意打断幼儿、强求幼儿严格按照故事内容表演、强迫幼儿听自己的指挥等做法，而应以积极的态度鼓励欣赏幼儿的表演，肯定、激励他们的创新表现。

(三) 建构区

建构活动深受孩子们的欢迎，几乎每个年龄段的幼儿都会被建构游戏深深吸引。但幼儿在建构区的发展水平因教师的指导方法和指导水平的不同而呈现出较大的差异。因此，在建构游戏过程中，教师的指导不容忽视。

1. 帮助幼儿掌握基本的建构技能

首先教师应该明确各年龄段幼儿在建构技能方面的相应目标，然后从认识结构材料的形状、大小、颜色等特征入手，激发幼儿的兴趣，指导幼儿逐步学习掌握各种基本的建构技能。

各年龄段幼儿建构技能的学习目标：

小班：能用平铺、延长、围合、堆高、加宽、盖顶等基本技能建构造型简单的物体形象。

中、大班：综合运用排列、组合、接插、镶嵌、编织、黏合、旋转、桥式、塔式以及各式联结（平式联结、交叉联结、转向联结、斜式联结）、穿过等技能，建构较复杂、精细、匀称的物体形象。

对幼儿建构技能的指导要本着兴趣为先、由易到难、循序渐进的原则，要充分尊重幼儿的主体意识、创新意识，充分考虑幼儿的年龄特点和个体差异，不搞枯燥的技能练习，不压抑幼儿的创新表现。教师要让技能学习真正成为幼儿建构活动的基础，成为促进幼儿创造力、想象力发展的桥梁。

2. 培养空间知觉和想象力

培养幼儿的空间知觉和想象力是建构区活动的主要目标之一，也是教师指导的要点之一。

教师在指导幼儿的建构游戏或对游戏进行评价时，可以有意识地渗透空间概念，并引导幼儿学习、运用"在……上面、在……下面、在……旁边、在……

里面、绕过、穿过"等词汇,引导幼儿掌握空间概念,发展幼儿初步的空间知觉能力。

对于幼儿想象力的培养,教师可从以下几个方面予以指导:

(1)借助生活活动和教育活动丰富幼儿关于周围物体形象的感性经验,积累创造想象的基本素材。比如,在活动中注意引导幼儿观察各种建筑,提炼它们的外形特征,引发幼儿的联想、想象。

教师带领幼儿参观城市中各种各样的桥梁,让他们说说这些桥看上去怎么样、像什么。幼儿兴致勃勃地观察,在他们的眼里,有的桥像美丽的彩虹架在两岸,有的桥像长长的、一节一节的毛毛虫趴在水上,还有的桥像勇敢的变形金刚伸出双臂架在河上……回到幼儿园,在建构区里,各种各样充满想象力与童趣的桥梁就被搭建起来了。

(2)通过游戏开展前后的互动讨论,鼓励幼儿说出自己的建构意图,大胆表达自己的想象。

(3)建构过程中教师适时的指导点拨,也会激发幼儿的创造力、想象力。

幼儿根据平面图搭建"我们的幼儿园"已经有一段时间了,于是教师启发幼儿:"如果让你们自己设计一个幼儿园,你们希望是什么样子的?"幼儿一下来了兴致,教师继续跟进:"除了楼房不一样,你们希望幼儿园的围墙是什么样的?还想在操场上放些什么样的玩具?"……

另外,教师为幼儿创设宽松愉快的氛围、提供丰富多样的建构材料、帮助幼儿学习基本的建构技能都会对幼儿想象力的培养产生重要的作用。

3. 提升生活经验迁移的能力

幼儿建构游戏的过程就是幼儿对于现实生活中物体形象的认识经验的创造性再现和迁移的过程,所以,教师一方面应通过各种方式丰富幼儿的生活经验,

另一方面应帮助幼儿梳理、整理与提升经验,并迁移运用到建构活动之中。

一组幼儿在建构一座大桥时,大桥总是会倒塌。教师介入指导,提出问题引导幼儿思考"大桥倒塌的原因在哪里?"幼儿纷纷表达自己的观点,最后原因集中在桥墩不牢固的问题上。教师与幼儿一起回忆生活中见过的桥,一起观察建构区中各种大桥的图片,重点是桥墩的构造,并与幼儿的搭建作品进行对比。幼儿发现图片中的桥墩都非常粗壮结实,甚至有些桥墩是厚厚的一堵墙,而自己搭建桥墩用的积木都太薄太细了。问题找到了,大家一起动手选择合适的材料,加固桥墩。有的幼儿用宽胶带将几个易拉罐平行固定,形成墙式桥墩;有的用长方体积木叠加的方式使桥墩变粗……桥墩的问题解决了,大桥的搭建变得顺利了。

4.建构活动中的合作

教师可以借助建构区特有的优势,培养幼儿的合作能力。

(1)创造合作机会。教师可有意识地为幼儿创造合作的机会。比如,建议中、大班幼儿搭建规模较大、较复杂的作品,启发幼儿用同伴合作的办法完成作品;幼儿建构过程中遇到难题向教师求救时,教师可以建议幼儿去邀请能力强的幼儿帮助,合作完成。

(2)指导合作方法。教师可以通过介入指导或引发讨论等方式对幼儿的合作方法进行指导。比如:教师参与到幼儿的合作游戏中,与他们共同选定搭建主题,设计搭建方案,讨论分工协作,潜移默化地引导幼儿学会合作;当幼儿合作遇到问题时,教师可以引导幼儿利用共同讨论的办法解决问题。比如,搭建方案设计好了,大家不知道该如何分工,教师启发幼儿分析建构主题都包括哪些内容,可以分成几组,大家各自擅长的又是什么……随着一步步的分析讨论,分工方案就逐渐清晰了。

(3)鼓励合作行为。教师应积极鼓励幼儿的合作行为,肯定幼儿的合作成果。比如,在交流分享环节展示幼儿合作的作品、请所有合作者与自己的作品合影留念、请幼儿介绍自己的合作过程及体验等。

教师还应指导幼儿养成良好的合作习惯，如积极主动地表达自己的观点、耐心倾听别人的意见、服从集体的意见等。

（四）自然角

自然角的存在不仅可以美化活动室，让活动室生机勃勃、更加美观，而且可以为幼儿提供室内亲近自然、接触自然的机会，丰富幼儿对动植物的认识，在自然缺失越来越严重的今天，自然角对幼儿的发展有着重要的意义，教师在指导时要关注到：

1. 引导每个幼儿参与到自然角的布置与维护中来

自然角不只是教师布置出来让幼儿"看"的。幼儿只有真正参与到它的创建与维护中，才会融入其中，感觉到自己的责任。教师可以带领幼儿亲自进行种植、饲养活动；共同搜集各种形状的小石头、贝壳、树根以及各种植物的种子、果实等进行陈列展示；指导幼儿根据各种动植物的特性悉心照料它们。

2. 指导幼儿为自己照料的小动物、植物起个好听的名字，从情感上走近它们

教师可以将幼儿起好的名字写下来，贴到小动物的笼子上、植物的花盆上，并和幼儿商定就用这个名字来称呼它们。渐渐地，它们会成为班级中的一员，走进幼儿的生活，成为他们生活的一部分。

3. 指导幼儿学会观察、记录动植物的生长情况

教师可通过提供测量工具、设计观察记录表格等指导幼儿进行观察记录。教师要注意不要将观察变成泛泛地"看"，而应提出具体的目标让幼儿明确观察什么，怎么观察。对自然角动植物的观察可以从以下两个方面进行：

（1）对动植物本身特征的观察。

动物：它们长得什么样子？头是怎样的？眼睛、鼻子、嘴巴、耳朵又是怎样的？有几条腿？有没有翅膀？与其他小动物相比，有什么相同与不同的地方？它们喜欢吃什么？喜欢干什么？

植物：它们的整体形状是怎样的？叶子长在哪个部位？是什么颜色、什么形状的？开花吗？花是什么颜色的？结的果实是怎样的？与其他植物相比有什么相同与不同的地方？

(2) 对动植物生长变化的观察。

动物：它们小时候和长大后有什么不一样的地方？比如小蝌蚪什么时候长后腿了？什么时候长前腿了？大脑袋变成什么样了？尾巴又去哪里了？

植物：从发芽到长成后高度的变化，叶子形状、大小、颜色的变化，何时开花，花又何时凋谢，何时结果等等。

4. 根据年龄特点，指导幼儿开展科学探究活动

针对小班幼儿，教师重在培养幼儿对自然角的兴趣，包括他们喜欢观察和照顾动植物、能够知道动植物的名称、初步了解动植物各部位名称及外部形态等。

针对中、大班幼儿，教师可引导他们在自然角开展一些科学探究活动，包括植物生长条件的实验、植物向光性实验等。

(1) 植物生长条件的实验。教师可以引导幼儿将同样的种子放置于不同的生长条件下（暴露在空气中的、浸在水中的、埋在泥土中的等），观察记录其发芽、生长的情况，从而了解植物生长所需的条件。

(2) 植物向光性实验。教师可以引导幼儿将植物放置于窗台上，过一段时间带领幼儿观察，会发现叶子朝向向光的一面；还可以让幼儿将不透明的纸盒或塑料管一端套在蔓生植物的上部，在另一端设两个不同朝向的开口，一个向光，一个背光，观察植物的生长方向。

(3) 动物食性的探究。可在小动物的食槽中放置不同种类的食物，观察动物是食肉、食草还是杂食性动物。

5. 抓住关键时机进行指导

植物开花结果了，叶子干枯了、死掉了，小动物生病了……这都是教师指导的好时机。教师可以通过与幼儿共同观察、提出问题、共同讨论、尝试解决等方法增进幼儿对动植物的了解，渗透生命教育。

班里饲养了一年多的小仓鼠死了，教师引导幼儿一起观察仓鼠死后的样子，感觉它身体的变化，启发幼儿理解"死亡"的意义；教师还可以与幼儿一起为小仓鼠举办一个小小的葬礼，共同回忆跟小仓鼠一起玩耍的情景，回忆它曾带给大家的快乐，以此激发幼儿对动物、对生命、对自然的情感。

（五）美工区

美工区是广受幼儿欢迎的区域，教师在美工区的指导要点主要包括：

1. 工具和材料的使用

这方面的指导多采用直接指导的方式，教师可通过集体或小组的方式讲解、示范，然后在活动开展过程中注意观察幼儿的掌握情况，给予及时的个别指导。教师需要特别注意的是某些工具和材料的安全使用问题，如剪刀等。

2. 幼儿的创造性表现

在美工区，幼儿的收获绝不仅仅是学会运用工具、学会几种美工技能、完成几件作品。能够利用工具和材料创造性地表达自己的情感和思想对幼儿的发展来说具有更大的价值。

因此，教师在幼儿开展美工区的活动时应注意：

（1）要为幼儿营造充满信任和鼓励的、宽松、和谐的氛围，激发幼儿创作的兴趣和大胆创作的信心。

（2）在创作材料及技法上不断创新，丰富幼儿的美术体验，引发幼儿的想象力和创作欲望。比如：在美工区投放种类丰富、数量充足的材料，引导幼儿树立"一切皆可美术"的意识，还可以通过"借形想象"等方法激发幼儿的想象力和创造力。

（3）回顾经验，融入情感，激发创新。教师可以通过与幼儿共同回顾已有的生活经验，把幼儿带入一定的情境当中，把情感融入到创作中，以此激发幼儿的创造性表现。

幼儿在进行"我的自画像"创作时，画面形象雷同、表情单一。教师组织小组互动，与幼儿一起通过小镜子观察自己的五官特点，聊一聊最喜欢自己五官中的哪一个，为什么？再观察自己生气、高兴、无奈、害怕时的表情，说一说最喜欢什么样的自己……当幼儿再次作画时，每一幅作品都会特征鲜明、生动形象、富有个性。

（4）及时地肯定和表扬幼儿的创造性表现。教师可把幼儿富有想象力和创造性的作品展示在美工区，或在分享与交流时表达自己对幼儿作品的赞美和喜爱。

（5）倾听幼儿对自己作品的解读也是发现和培养幼儿想象力、创造力的重要渠道。幼儿的有些作品成人无法看懂，而孩子在创作过程中却会融入自己的想象与创造。因此，教师在区域活动结束后的交流分享环节，应有目的地引导幼儿向大家介绍自己的作品、交流创作感受，从而发现和培养幼儿的创造性表现能力。

3. 美术基本技能的掌握

发挥幼儿的创造性，不等于不进行技能方面的指导。如果幼儿空有想象力却缺乏最基本的美术技能，将无法进行创造性的表达，也就无法发挥自己的创造力。教师应根据幼儿的年龄特点、个体差异以及美工区各项活动内容的特点，有针对性地进行指导，如各种绘画技能、纸工技能、泥工技法、立体造型技能等。

教师在美术技能的指导方法上存在一种误区，那就是认为不能用范例，一用范例就会限制甚至扼杀孩子的想象力和创造性。其实，合理地运用范例不仅不会压抑限制幼儿的创造力、想象力，反而能够拓展幼儿的视野，激发和促进幼儿创造性地发展。如何运用好范例呢？

（1）要为幼儿提供美的、有借鉴价值的、能够给幼儿以启发的范例。

（2）范例的数量要适宜。教师可以提供不同风格、不同难易程度的多张范例供幼儿学习。打破单一范例造成的思维模式固化的问题，使幼儿脱离对范例作品的依赖与简单模仿，从多个范例作品中受到启发，从而使自己的作品更富有创新性和独特性。

（3）可以提供半成品范例。有时候半成品范例同样能够起到激发幼儿创造性表现的作用。

（六）益智区

益智区的指导要点与其他区域有所不同，需要教师根据不同的材料类型来确定。

1. 具有自我纠错能力的材料

这类材料包括：几何图形镶嵌板、套娃、拼图、接龙卡片等。这类材料在操作方法上无须教师过多的指导，教师需要关注的是幼儿在活动过程中有始有终、专注投入的操作习惯的养成。当幼儿能够熟练地掌握材料的玩法后，教师可指导幼儿掌握更多的创造性新玩法，不断增加挑战性。比如，教师以玩伴的方式与幼儿共同游戏，将分开摆放的 10 个套娃依次摆好，请幼儿闭上眼睛，教师悄悄拿走其中的一个，并重新摆好，请幼儿指出被拿走的套娃的位置，以锻炼幼儿的观察力、判断力。

2. 富有创造性的图形造型材料

对于橡皮筋构图板、七巧板、图形拼板等图形材料，幼儿在操作时，教师需要做的是帮助幼儿打开思路，更有创意地进行拼摆。比如：幼儿在用橡皮筋构图时只是建构一些孤立的基本图形。教师观察到这一点后，作为游戏伙伴加入到活动中，自己建构出含有多种基本图形的相对复杂的图形，请幼儿欣赏。幼儿马上受到启发，在自己的操作板上开始尝试。

3. 有固定规则和玩法的材料

这类材料包括各种棋类、扑克牌等。幼儿在操作这类材料时，需要教师的示范、讲解，让幼儿明确玩法与规则，必要时应以游戏伙伴的身份与幼儿共同游戏，在互动的过程中指导幼儿学习并掌握游戏的玩法与规则。

4. 与数学活动相关的材料

还有一些材料与一定的数学活动如计数、计算、分类、排序、测量等有关。

这部分活动一般与数学教学活动密切相关，指导方式也比较相似。

（七）阅读区

对于阅读区的指导，教师应把重点放在幼儿阅读兴趣及阅读习惯的培养上。

1. 阅读兴趣

教师可以通过投放或直接推荐适宜的图书，也可以通过在阅读区为幼儿讲故事，来激发幼儿的阅读兴趣。至于选择什么样的图书，以下内容可供参考：

◆ 适合幼儿年龄特点的各种图画书；

◆ 一些与幼儿喜欢的动画片相关的图书，如《天线宝宝》、《托马斯》等；

◆ 与当前开展的主题活动或幼儿近期兴趣点相关的图书；

◆ 亲子自制图书或师生共同创作的图画书。

2. 阅读习惯

教师要及时提醒幼儿保持正确的坐姿，尤其要注意幼儿眼睛与书本的距离，一般保持在一尺左右为宜。

从小班开始，教师就要指导幼儿学会用食指和拇指一页一页地翻书，帮助幼儿懂得阅读时保持安静，不吵闹、不打扰别人。

对于阅读习惯不太好的孩子，教师可采取陪伴阅读或为其讲读的方式予以指导。

第六章 区域活动的评价

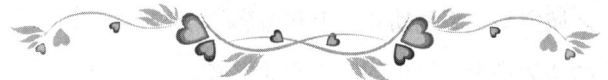

《纲要》指出：教育评价是幼儿园教育工作的重要组成部分，是了解教育的适宜性、有效性，调整和改进工作，促进每一个幼儿发展，提高教育质量的必要手段。所以，教师想要高质量的区域活动，必须要对区域活动进行有效的评价，通过对区域环境、区域中的幼儿和自己的评价，教师可以了解区域环境创设和区域活动中存在的问题，并进行有效的调整。《纲要》同样强调：评价的过程，是教师运用专业知识审视教育实践，发现、分析、研究、解决问题的过程，也是其自我成长的重要途径。所以，我们也期待教师通过评价的过程，不仅对自己班级的区域环境和区域活动有较为理性的认识，而且可以借助区域活动评价提高自己对幼儿发展的认识，完善自己的幼儿教育价值观，提升自己的专业素养。

一、对区域环境的评价

一个完整的区域环境通常是由区域空间的布局结构、区域种类、区域材料和区域标识所组成的，其合理性、适宜性、科学性、发展性是区域环境评价的重要指标。

（一）对空间布局的评价

空间布局的设计理念、空间分割的具体实施、现实条件的利用程度、规划要点的把握情况，构成了空间布局评价的指标体系。

1. 空间设计是否体现了以幼儿为本的理念

对空间设计的评价，具体从三个方面进行：

（1）空间布局是不是站在幼儿的立场进行规划和设计的。

（2）各个区域空间是不是幼儿喜爱和留恋的。

（3）空间的功能是否能促进幼儿的全面发展。

2. 空间的分割是否科学合理

对空间分割的评价，可以从四个方面进行：

（1）"动区"与"静区"之间是否有效地避免了相互影响。

（2）区域面积的大小是否与幼儿进区人数、活动内容相适宜。

（3）区域的开放与封闭程度与区域的功能、幼儿的活动需要是否相适宜。

（4）是否有益于不同区域之间幼儿的互动。

3. 是否依据办园条件因地制宜地开展区域活动

对现实条件的评价，可以从两个方面进行：

（1）室内面积有限时，是否能通过室内外分组活动满足所有幼儿进区活动的需要。

（2）是否能充分利用公共空间开展区域活动，拓展幼儿的活动空间。

4. 区域空间规划要点的把握是否到位

对区域空间规划的评价，主要从三个方面进行：

（1）区域空间整体上是否和谐有序。具体指标有：色彩的选择是否符合幼儿的年龄特点、色彩的搭配和运用是否符合色彩的美学原则、色彩的施色部位及其比例分配是否恰当；材料的质地、造型和空间结构方式是否在统一中又富有变化；地面、墙面、立体空间之间是否产生呼应；分区、隔断是否切合了房屋建筑的风格及特点。

（2）区域空间是否根据幼儿的意愿和需要进行动态性变换或调整。

（3）区域空间的安全性是否有可靠的保障。

(二）对区域种类的评价

在对区域种类进行评价时，主要从四个方面进行：

（1）区域的种类是否涵盖了幼儿全面发展的多项内容。

（2）区域的选择是否有明显的年龄段差异，并符合各年龄段幼儿的需要和发展目标。

（3）区域的数量是否满足全班幼儿同时活动。

（4）区域的功能是否支持幼儿新经验的建立和多种能力的发展。

(三）对区域材料的评价

区域活动的教育功能是通过区域材料来实现的。幼儿的主要兴趣来自于对材料的操作，幼儿的发展更是在操作材料的过程中得以实现的。因此，对材料的评价最根本的是要根据材料在幼儿发展中所起到的作用来进行。

1. 对材料选择的评价

（1）主体材料是否承载着区域当前的教育目标，能否为幼儿的当前发展需要提供支持。

（2）辅助材料对主体材料的价值发挥是否具有支持、补充或延展的作用。

（3）材料的类别是否齐全，物化着全面发展的目标。

（4）材料的数量、种类、配置比例是否符合当前年龄段幼儿的心理和活动需要。

（5）工具的配置是否必要和得当。

（6）材料的来源渠道是否体现出多样化特点。具体包括：对购买的材料是否经过二次选择和再加工，以便更大程度地发挥其价值和功能；材料的收集是否体现出幼儿的参与；幼儿作品的价值是否在材料系统得到了发挥；家长帮助收集的材料是否具有一般和特殊价值的体现。

2. 对材料投放的评价

（1）投放的材料的性质、特点是否与当前年龄段幼儿的兴趣和需要相匹配，具有明显的年龄段特点。

（2）能否有序地投放材料，对材料数量、种类的控制是否科学合理，以便既能满足幼儿进区活动的需要，又能避免材料单调乏味和幼儿无目的行为的泛滥。

（3）材料的外形及配置方式是否具有趣味性，能引发幼儿专注、持久地进行活动。

（4）材料操作的难易程度是否基于幼儿当前的发展水平，并具有不同层次的挑战性，引发幼儿深入地进行活动。

（5）相同的材料在不同年龄段的目标要求是否具有明显的区别。

（6）是否能对幼儿操作熟练后的材料及时地进行删减、增加、改进结构或组合拓展，使材料满足并进一步促进幼儿新的发展。

3. 对材料管理的评价

（1）材料的分类标准是否清楚，是否有固定的橱柜和容器分门别类地摆放材料。

（2）材料的摆放是否有序，位置关系是否具有内在的教育性和暗示性。

（3）材料取放和使用的方法、要求是否明确，具有操作性。

（4）是否注重幼儿操作材料的良好常规和习惯的培养及巩固。

（四）对区域标识的评价

区域标识对于指引和稳定幼儿在区域内的活动质量发挥着特殊的作用，其形象性、趣味性、操作性、暗示性是评价的重要指标。

（1）标识的整体造型是否鲜明、生动有趣，能吸引幼儿的关注。

（2）图文比例是否恰当，是否突出了区域的主要功能。

（3）标识符号的暗示和引导意义是否直观、简洁，易于幼儿理解和操作，帮助幼儿有序地活动并形成良好的习惯。

附：区域环境评价表（参考表6-1）

表6-1 区域环境评价表

幼儿园：　　　　　　　　评价者：　　　　　　时间：

一级评价指标	二级评价指标	评价层级			
		优秀	良好	一般	较差
空间布局	空间设计理念	空间布局是不是站在幼儿的立场进行规划和设计的。			
		各个区域空间是不是幼儿喜爱和留恋的。			
		空间的功能是否促进幼儿的全面发展。			
	空间的分割	"动区"与"静区"之间是否有效地避免了相互影响。			
		区域面积的大小是否与幼儿进区人数、活动幅度相适宜。			
		区域的开放与封闭程度与区域的功能、幼儿的活动需要是否相适宜。			
		不同区域之间教育联动的发生是否有益。			
	因地制宜开展活动	室内面积有限时，是否能通过室内外分组活动满足所有幼儿进区活动的需要。			
		是否能充分利用公共空间开展区域活动，拓展幼儿的活动空间。			
	空间规划要点的把握	色彩的选择是否符合幼儿的年龄特点。			
		色彩的搭配和运用是否符合美学原则。			
		色彩的施色部位及其比例分配是否恰当。			
		材料质地、造型和结构方式是否在统一中又富有变化。			
		地面、墙面、立体空间之间是否产生呼应。			
		分区、隔断是否切合了房屋建筑的风格与特点。			
		区域空间是否根据幼儿的意愿和需要进行动态性变换或调整。			
		区域空间的安全性是否有可靠的保障。			
区域种类	区域的种类是否涵盖了幼儿全面发展的多项内容。				
	区域的选择是否有明显的年龄段差异，并符合各年龄段幼儿的需要和发展目标。				
	区域的数量是否满足全班幼儿同时活动。				
	区域的功能是否支持幼儿新经验的建立和多种能力的发展。				

表 6-1 续

一级评价指标	二级评价指标	评价层级			
		优秀	良好	一般	较差
材料投放	材料选择	主体材料是否承载着区域当前的教育目标，能否为幼儿的当前发展需要提供支持				
		辅助材料对主体材料的价值发挥是否具有支持、补充或延展的作用				
		材料的类别是否齐全，物化着丰富全面的发展目标				
		材料数量、种类、配置比例是否吻合当前年龄段幼儿的心理和活动需要				
		工具的配置是否必要和得当				
		材料的来源渠道是否体现出多样化特点。具体包括：对购买的材料是否经过二次选择和再加工，发挥其应有的价值和功能；材料的收集是否体现出幼儿的参与；幼儿作品的价值是否在材料系统得到了发挥；家长帮助收集的材料是否具有一般和特殊价值的体现				
	材料投放	材料的性质、特点是否与当前年龄段幼儿的兴趣和需要相匹配，具有明显的年龄段特点				
		能否有序投放材料，对材料数量、种类的控制是否科学合理，既能满足幼儿进区活动的需要，又避免了单调乏味和无目的泛滥				
		材料的外形及配置方式是否具有趣味性，引发幼儿专注、持久地进行活动				
		材料操作的难易程度是否基于幼儿当前的发展水平，具有不同层次的挑战性，引发幼儿深入地进行活动				
		相同的材料在不同年龄段的目标要求是否具有明显的区别				
		是否对操作熟练后的材料及时地进行删减、增加、改进结构或组合拓展，使材料满足并进一步促进幼儿新的发展				

表 6-1 续

一级评价指标	二级评价指标	评价层级			
		优秀	良好	一般	较差
材料管理	材料的分类标准是否清楚，是否有固定的容器盛放和固定的摆放位置				
	材料的摆放是否有序，位置关系是否具有内在的教育性和暗示性				
	材料取放和使用的方法、要求是否明确，具有操作性				
	是否注重幼儿操作材料的良好常规和习惯的培养及巩固				
区域标识	标识的整体造型是否鲜明、生动有趣，吸引幼儿的关注				
	图文比例是否恰当，突出区域的主要功能				
	标识符号的暗示和引导意义是否直观、简洁，易于幼儿理解和操作，帮助幼儿有序地活动并形成良好的习惯				
综合评价					

二、对区域中的幼儿的评价

区域活动的核心主体是幼儿，区域环境是否适宜、区域活动是否有效都是透过幼儿的表现和发展状况体现出来的，所以，对区域中的幼儿的观察和评价至关重要。如何评价区域中的幼儿？一般可以从以下几个方面入手：

（一）幼儿的兴趣和参与度

幼儿在区域活动中的兴趣和参与情况，包括是否对活动感兴趣、参与时是否专注投入、参与的时间有多久以及对活动结果是否关注。

1. 活动兴趣高低

兴趣是最好的老师，也是幼儿发展的前提，所以，教师一定要关注区域中的幼儿，观察幼儿对区域活动的兴趣。一般来讲，幼儿都比较喜欢区域活动，

一到区域活动时间，就兴奋地进入自己喜欢的区域开始活动。外向的幼儿情绪上会有明显的表现，内向的幼儿不会有太明显的表现，但仍然可以看到其愉悦的表情。

（1）对区域活动感兴趣的幼儿的表现：

◆ 兴致勃勃地摆弄玩具、操作材料；

◆ 喜欢与同伴合作、分享和交往。

（2）对区域活动缺乏兴趣的幼儿的表现：

◆ 无所事事；

◆ 只观望，不参与；

◆ 胡乱摆弄材料；

◆ 打打闹闹。

2．活动过程中的专注与投入度

如果环境适宜、材料丰富，好奇心和对于游戏的渴望会促使幼儿投入到区域活动之中。但是因为个性不同、兴趣不同和教养方式导致的幼儿的习惯不同，幼儿在活动中表现出的行为就有很大的差异。有的幼儿高度专注于自己的活动，对游戏内容、玩具和材料充满了兴趣，积极主动地进行探究和发现；有些幼儿在活动过程中不停地观望别人，或追寻教师，而不是关注活动本身；也有些幼儿缺乏积极的情绪，只是重复单一的动作。

3．持续时间长短

对区域活动感兴趣的幼儿总会找到自己感兴趣的操作材料，会有很多游戏的花样，每一种活动都会持续很长时间，会不满足于教师限定的区域活动时间，每次结束时总是意犹未尽；对于区域活动缺乏兴趣的幼儿则表现相反，每一种活动都是浅尝辄止，即简单地摆弄一下就算好了，或者手里拿着玩具材料眼睛却盯着旁边的幼儿。

4．对活动结果的关注

不同的区域活动会有不同的结果，在美工区、建构区、益智区等活动的幼儿通常会在活动后呈现自己的作品,而在其他区域活动的幼儿则会有相互间的合作或角色表演。对于区域活动感兴趣的幼儿也会极为关注自己在区域活动中的结果,一方面努力争取有好的作品或成果,另一方面不容许别的幼儿破坏、轻视自己的作品,渴望教师的关注和肯定。

(二)幼儿活动的自主性、目的性和计划性

幼儿对区域活动的态度是否积极主动,集中体现在他们在区域活动中是否自主、对区域活动的目的是不是明确及是否有比较强的计划性。

1. 自主性

区域活动最特别的的意义就是对幼儿主体性的培养,所以,关注幼儿在区域活动中的自主性极为重要。一般来讲,区域活动中幼儿的自主性表现在以下几个方面:

(1)主动选择喜欢的区域。

(2)主动选择游戏玩伴。

(3)主动选择游戏材料。

(4)主动进行同伴交流和交往。

(5)主动寻求合作。

(6)活动中有争执时不轻易放弃。

2. 目的性

年龄特点决定了幼儿做事的目的性一般都比较差,幼儿在区域活动中的目的性随年龄不断提高。一般来讲,目的性较强的幼儿每次区域活动时都很明确自己的兴趣和愿望,知道自己想怎么玩;而目的性不强的幼儿则可能看见材料才会开始想怎么玩,或者边玩边想,或者盲从别人的意见。

3. 计划性

计划性和目的性有一致的地方,一般来讲,目的性强的幼儿计划性也强。有些教师会关注幼儿区域活动前的讨论,通过"你今天想去哪个区域玩?玩什么?怎么玩……"等问题帮助幼儿提高活动的计划性,消减其盲目性。大班幼

儿活动的计划性稍好一些，但彼此间也会有很大的差异。计划性并不意味着幼儿活动中的表现一定和之前说的一样，而是幼儿明确知道每一步骤该怎么做。通过观察幼儿的活动或者与幼儿交谈，教师可以了解到幼儿活动的计划性。

（三）幼儿的社会性发展水平

　　幼儿的社会性发展水平是高是低，主要体现在他们参与群体活动的兴趣、在群体活动中的位置和作用、相互间的交流与合作、对玩具材料的分配和使用、发生同伴纠纷的频率和解决同伴纠纷的途径和方式六个方面。

1. 参与群体活动的兴趣

　　幼儿是否喜欢参与群体活动是教师必须要关注的一点。一般来讲，社会性发展良好的幼儿喜欢与别的小朋友一起玩，除非是益智区中某些需要独自进行操作的活动。如果一个幼儿始终选择一个人操作材料，可能是材料对他的吸引力太大，也可能是因为他不愿意与别人一起活动，教师需要细致观察了解后再做评判。

2. 在群体活动中的位置和作用

　　大家都在一起玩，有些幼儿表现得比较突出，总是处于主动地位，总是愿意出主意想办法，也有些幼儿仅仅是跟从别人，当然也有一些幼儿不断地与别人发生纠纷。社会性发展良好的幼儿善于表现自己，也经常处于主动地位，不会轻易与别人发生纠纷。

3. 相互间的交流与合作

　　区域活动时间相对自由，所以幼儿之间有更多的机会自由交往，社会性发展良好的幼儿总是能很快找到自己的朋友，一起交流游戏的玩法，也会有分工与协作。当然，随着年龄的增长，幼儿会逐渐经历独自游戏—平行游戏—联合游戏—合作游戏的发展阶段。不过，同一年龄段的幼儿，发展也会有差异。

4. 对玩具材料的分配和使用

　　一个区域中的幼儿需要共同分享区域中的材料，如果幼儿经常因为玩具材料与别人发生纠纷，可能是因为玩具材料太少导致，也可能与个别幼儿对材料的独占有关。社会性发展良好的幼儿会遵守规则，每次活动只拿一个或一盒材料，玩完之后再放回原处，先来的或先拿的先玩，不与别人争抢。

5. 发生同伴纠纷的频率

在区域活动中，幼儿之间发生纠纷很正常，这与幼儿交往技能缺乏、语言表达水平有限有关，但如果某个幼儿无论在哪个区域，无论和谁在一起都很容易发生纠纷，而且发生频率较高，这就说明他的社会交往技能欠缺，需要教师特别关注。

6. 解决同伴纠纷的途径和方式

幼儿间发生纠纷很正常，发生纠纷之后的处理方式既表现了幼儿的个性，也能表现出幼儿的社会性发展水平。伴随幼儿年龄的增长，幼儿会不断地学会用不伤害别人的方式解决彼此间的纠纷。一味地争夺、打人或者只会告状、哭泣、退让的幼儿都需要教师特别关注，需要教师给予适当的引导。

社会性发展良好的幼儿会使用以下途径和方法解决纠纷：

- ◆ 协商；
- ◆ 适当退让；
- ◆ 讲理由；
- ◆ 轮流；
- ◆ 寻求帮助，接受调解。

（四）幼儿的认知发展水平

在区域活动中，幼儿的认知发展涉及语言表达、选择材料的难易程度、对材料的创造性使用、已有经验的迁移、作品、解决问题的能力和对活动结果的反思能力。幼儿的认知水平高低也主要通过这几个方面显示出来。

1. 语言表达水平

幼儿的语言表达水平是幼儿认知发展很重要的表现。区域活动是相对自由的活动，幼儿会有更多的机会相互交流，有的幼儿会明确表达自己的愿望和兴趣，也会用语言清晰地表达自己的意见，轻易不会与别人发生肢体上的纠纷；也有的幼儿很少与别人发生语言上的交流，只是自己玩，一遇上令自己不满意的情况就会动手。

2. 选择材料的难易程度

区域中的材料一般有很多选择，有难易不同的层次，尤其是生活操作区和益智区的材料。认知发展水平高的幼儿喜欢有难度的、有挑战性的材料，而认知发展水平相对差一点的幼儿则可能只选自己喜欢的、简单的材料玩。

3. 对材料的创造性使用

在区域中投放的很多材料可以一物多玩。有些幼儿思维活跃，在学会操作材料之后可能会有很多创造性的表现，尤其是对材料的创造性使用，让材料发挥更大的价值，让区域活动更有趣，充满吸引力。

4. 已有经验的迁移

观察幼儿在区域中的活动情况，也包括幼儿已有经验的呈现和迁移情况。聪明的幼儿会灵活地运用学过的知识经验，让自己的游戏富有变化。

5. 幼儿的作品

对幼儿在区域活动中的作品的分析是评价幼儿发展的很重要的方法和内容，教师尤其要关注美工区和建构区中的幼儿的作品，可以从以下几个方面评价幼儿的作品：

（1）作品的独创性。

（2）作品的完整性。

（3）作品的复杂性。

（4）作品的表现力。

（5）作品的艺术性。

6. 解决困难和问题的能力

在自主的区域活动中，幼儿不仅会遇到同伴间的纠纷，也会遇到材料操作的困难和游戏持续推进的困境。认知水平高的幼儿喜欢面对挑战，喜欢自己动脑筋、想办法，自主解决困难，相反的，有些幼儿一遇到困难就会放弃。

7. 对活动结果的反思与评价能力

无论是在区域活动过程中还是在区域活动结束环节，教师都可以请幼儿表达对自己活动的看法，或者对自己的作品进行评价。认知发展水平高低不同的幼儿对自己和别人的活动结果肯定会有不一样的认识。对幼儿自主评价的意识和能力的培养经常被老师们忽视，需要引起关注。

（五）幼儿的规则意识和守规则的能力

幼儿是否知道区域活动规则、是否按规则办事、违反规则后是否愿意改正、对待同伴的违规行为持何种态度，这些方面反映了幼儿的规则意识和能力。

1. 是否知道每个区域的活动规则

规则是区域活动的重要保障，所以，在区域活动之前和活动过程中，教师都会和幼儿讨论规则，也会不断地提示幼儿遵守活动的规则，但有些幼儿就是不关注规则，无视规则的存在。

2. 能否按规则约束自己的行为

知道规则仅仅是遵守规则的第一步，能否按照规则的要求约束自己才是最关键的一种能力。一般来讲，年龄越小，幼儿的自制力越差，越容易因为神经兴奋忘记规则，规则意识和守规则的能力随年龄的增长不断提高。不同的区域，幼儿的表现也不一样。相对来讲，益智区、阅读区、美工区等相对安静的区域，幼儿比较容易遵守规则；而表演区、角色游戏区等相对活跃的区域，幼儿比较容易因兴奋违背规则。

3. 被指出违规后是否愿意改正

因为兴奋忘记规则对年龄小的幼儿来讲很正常，如果经过别人提示，他们能立刻改正，慢慢学会控制自己就很好。但也有些幼儿频频违规，同时不听别人的提示和劝诫，甚至因此与别人发生纠纷。

4. 以何种态度对待同伴的违规行为

幼儿的违规行为会给区域活动带来麻烦，甚至导致区域活动无法继续，所以，区域中的每个人都应该遵守区域规则。有些幼儿不仅自己遵守规则，同样会关注到同伴的违规行为，并进行规劝和制止。

幼儿对待同伴的违规行为一般会有以下表现：

（1）视而不见。

（2）告诉老师。

（3）劝阻和制止。

（4）给同伴讲道理。

附：对区域活动中幼儿的评价表（参考表 6-2）

表 6-2　对区域活动中幼儿的评价表

班级：　　　　　　幼儿姓名：　　　　　　评价者：　　　　　　时间：

一级评价指标	二级评价指标	发展层级			
		优秀	良好	一般	较差
幼儿的兴趣和参与度	活动兴趣高低				
	活动过程中的专注与投入度				
	持续时间长短				
	对活动结果的关注				
幼儿活动的自主性、目的性和计划性	自主性				
	目的性				
	计划性				
幼儿的社会性发展水平	参与群体活动的兴趣				
	在群体活动中的位置和作用				
	相互间的交流与合作				
	对玩具材料的分配和使用				
	发生同伴纠纷的频率				
	解决同伴纠纷的途径和方式				

表 6-2 续

一级评价指标	二级评价指标	发展层级			
		优秀	良好	一般	较差
幼儿的认知发展水平	语言表达水平				
	选择材料的难易程度				
	对材料的创造性使用				
	已有经验的迁移				
	幼儿的作品				
	解决困难和问题的能力				
	对活动结果的反思与评价能力				
幼儿的规则意识和守规则的能力	是否知道每个区域的活动规则				
	能否按规则约束自己的行为				
	被指出违规后是否愿意改正				
	以何种态度对待同伴的违规行为				
综合评价					

三、对区域中的教师的评价

教师在整个区域活动开展过程中起着举足轻重的作用。教师对区域活动价值的认识、在区域活动中的角色定位、与幼儿互动的水平和质量都会影响甚至决定区域活动的质量，直接关系到幼儿在区域活动中的发展。因此，对教师的评价应该作为区域活动评价的一个重要指标。对教师的评价，一般从以下几个方面入手：

（一）对区域活动目标的定位

教师对区域活动价值的认识决定了教师对区域活动的定位。有的教师认为区域活动是集体教学活动的延伸与补充，于是把区域活动的目标更多地指向教与学，甚至把区域活动变成小组教学；有的教师认为区域活动就是让幼儿通过操作材料学到"本领"，因此在区域设置时往往会偏重益智区、科学区而忽视角色游戏区、表演游戏区等区域，会更多地关注幼儿在操作中的"收获"，而忽视幼儿在游戏中的情感体验与社会性发展；有的教师片面地认为区域活动就要给孩子自由，于是在区域活动中放弃教师的组织与指导，导致区域活动变成"放羊"……

因此，能否正确地认识区域活动的价值，准确地定位区域活动的目标是评价教师的首要内容。

（二）区域材料的投放

材料的投放是实现区域活动目标的重要手段，材料投放也能体现出教师对区域活动目标和对幼儿已有经验的把握，体现教师组织区域活动的水平。

1. 材料投放是否有计划性

区域活动中的材料投放不应是盲目的和随意的，应基于本班幼儿的发展水平，结合各区域的具体目标，有针对性、有计划地投放。

2. 推介材料的方式是否恰当

教师推介材料的方式会影响到幼儿对材料的兴趣以及幼儿在活动中的发展。在评价教师推介材料的方式时应考虑：

(1) 是否与投放目标相适宜。

(2) 是否适合材料本身的性质。

(3) 是否引发了幼儿对材料的兴趣。

(4) 是否为幼儿预留了自主探索的空间。

3. 能否根据幼儿的发展水平随时调整、补充和更新材料

区域活动的材料投放不是一成不变、一劳永逸的。因此，教师能否根据幼儿的发展水平、幼儿与材料的互动情况及时对材料进行调整、补充和更新也是区域活动中对教师评价的重要内容。比如，在区域活动中，有些材料因缺乏挑战性而导致幼儿失去兴趣，教师是否及时将其撤换；有些材料对幼儿的发展仍有很大的价值，却因反复操作出现破损而导致幼儿兴趣降低，教师是否进行了补充与更新；还有些材料因超出幼儿现阶段的能力范围，从而导致幼儿不愿尝

试,教师是否进行了递减难度的替换……

4. 是否具备对材料价值分析的意识和能力

教师对区域材料价值分析的意识和能力会决定一个班级区域材料的品质。在幼儿园的教育实践中,教师这方面的素质相对比较薄弱,亟须培养和提高。在教师评价中将其列为主要指标就是一种提醒和督促。一般通过交流或教师自己的介绍就可以了解一个教师对材料的认识,以及对材料价值的深度挖掘能力。

(三)在区域活动中的角色定位

教师既是区域活动的创设者、组织者,又是观察者、指导者、支持者、参与者,同时教师还应将自己视做一名学习者,与幼儿一起在尊重、平等、宽松的氛围中学习。由于对教师在区域活动中的价值认识不同,造成了教师对自身在区域活动中角色定位的差异。有的教师只将自己定位为区域活动的准备者,认为只要把区域设置好了,材料准备好了,幼儿开始活动时教师就可以放松了,可以去做别的事情了;有的教师过分地执着于"指导者"的角色,在整个区域活动中喋喋不休、不厌其烦地"指导"幼儿的活动;有的教师始终无法放下教师的"权威",在区域设置、规则制定、指导方式上大权独揽、高高在上,无视幼儿的主体地位;还有的教师在区域活动开展过程中仅仅扮演纪律的维持者、纠纷的解决者角色,忽视了对幼儿活动的观察与指导……

(四)对幼儿的观察

区域活动中教师对幼儿的观察非常重要,它是教师了解幼儿的重要渠道,是教师进行区域指导的前提,是区域活动中教师的一项重要任务。评价教师对幼儿的观察可从以下几个角度进行:

(1)是否有明确的观察目的。

(2)是否有观察重点。

(3)是否站在客观的立场上进行观察与记录。

(4) 是否是全面观察与个别观察相结合。

(5) 观察方法是否科学、适宜。

(6) 能否充分地、科学地用好观察记录。

(五) 对区域活动的指导

对区域活动中教师指导的评价一般从以下几个方面入手：

1. 指导的内容是否全面

教师在区域活动中的指导不应是片面的，不能仅关注某个点，比如仅仅关注对材料操作方法的指导而忽视幼儿自主探索兴趣的激发与引导；仅仅停留在幼儿规则意识的培养上而忽略区域活动进行中对幼儿活动水平与能力的指导……教师应从幼儿的自主意识、规则意识、知识技能、情感态度、社会性发展等多方面进行指导。

2. 指导的介入时机是否合适

在区域活动中，教师对指导时机的把握非常重要，往往会直接决定指导的效果，这也是教师指导水平的直接体现。评价的角度一般有以下几点：

(1) 是否应该介入。

(2) 应该何时介入。

(3) 应以什么方式介入。

3. 指导方式和策略是否适宜

在前面的章节里我们曾谈到教师指导的多种方式和策略，其实，教师在区域活动指导中的方式和策略不在于多少，而在于是否适宜，适宜的就是最好的。评价时一般考虑以下几点：

(1) 是否适合幼儿的年龄特点。

(2) 是否与该区域的活动特点相适宜。

(3) 是否能够促进幼儿主体意识的发展。

(4) 是否有利于幼儿活动兴趣的保持。

(5) 是否有助于幼儿学习能力的提升。

（6）能否根据幼儿的活动情况灵活调整指导的方式和策略。

（六）对区域活动的反思

教师对区域活动及时、有效的反思是区域活动能够持续、深入开展的重要保障之一，因此这也成为区域活动中对教师评价的一个重要指标。评价教师对区域活动的反思应考虑：

（1）是否能够及时反思。

（2）是否明确需要反思的内容：

◆ 活动目标的达成情况。

◆ 幼儿在活动中的发展以及对区域活动兴趣的保持。

◆ 区域设置与活动材料是否需要调整。

◆ 教师在区域活动中的角色定位是否准确。

◆ 教师对幼儿的观察指导是否到位。

（3）是否能够站在客观的立场上进行反思。有的教师缺乏对幼儿的观察，往往从自己的视角、自己的立场出发，使反思沦为主观判断。

（4）是否能够进行有价值的反思。有些教师在反思时只是记流水账、泛泛而谈，没有明确的反思点，缺少对典型案例与现象的深入分析和理性思考。

（5）是否能通过反思对区域活动进行及时的改进和调整，促进区域活动的开展。

附：对区域活动中教师的评价表（参考表 6-3）

表 6-3 对区域活动中教师的评价表

幼儿园：　　　　　　　　教师姓名：　　　　　　评价者：

一级评价指标	二级评价指标	评价层级			
		优秀	良好	一般	较差
对区域活动目标的定位	能否正确定位区域活动与集体教学活动的关系				
	能否正确定位区域活动与游戏活动的关系				
	能否正确定位区域活动中幼儿的主体性发展与教师的组织指导之间的关系				
区域材料的投放	材料投放是否有计划性				
	推介材料的方式是否恰当				
	能否根据幼儿的发展随时添加、更新材料				
	是否具备材料价值分析的意识和能力				
在区域活动中的角色定位	是否体现了教师作为组织者、观察者、指导者的角色价值				
	是否体现了教师作为支持者、参与者的角色价值				
	能否放下教师的"权威"，充分尊重幼儿的主体地位				
对幼儿的观察	是否有明确的观察目的				
	是否有观察重点				
	是否站在客观的立场上进行观察与记录				
	是否是全面观察与个别观察相结合				
	观察方法是否科学、适宜				
	能否充分地、科学地运用观察结果				
对区域活动的指导	指导的内容是否全面				
	指导的介入时机是否合适				
	指导方式和策略是否适宜				
对区域活动的反思	反思是否及时				
	需要反思的内容是否明确				
	是否能够站在客观的立场上进行反思				
	是否能够进行有价值的反思				
	是否能通过反思促进区域活动的开展				
综合评价					

四、对区域管理保障的评价

区域活动的开展离不开管理上的支持。区域活动是否能够经常开展、开展的质量如何，与幼儿园管理者是否重视；是否提供了充分的时间、空间、物质支持；是否有深入细致的教研和培训等密切相关。对区域活动的管理保障做评价，一般可以从以下几个方面入手：

（一）区域活动的空间保障

区域活动的开展需要较为充足的活动空间。如果没有适度的空间做保障，区域环境的创设就会成为问题，区域活动的开展就无从谈起。现阶段幼儿园室内空间的利用有以下几种情况：

（1）幼儿园整体布局合理、活动室空间较为宽敞，能够满足全体幼儿的活动需要，并能得到较为科学、充分地利用。

（2）幼儿园整体布局和活动室空间情况一般，班级内幼儿人数与空间尚能匹配，教师能较合理地规划和利用空间，保障一般活动的需要。

（3）幼儿园班级空间狭小，班额较大，无法将空间进行合理的分割，但教师能够分时段合理利用室内外空间，适度开展类似小组活动的区域活动。

（4）幼儿园班级空间特别狭小，班额过大，无法将空间进行合理的分割，不能开展区域活动，也几乎没有区域活动。

（二）区域活动的时间保障

要保证区域活动的质量，为幼儿提供充分的活动时间至关重要。只有让区域活动时间在幼儿的一日生活中占到合理的比重，才能满足幼儿自主性发展的需求。然而，现阶段很多幼儿园因为各种原因，在一日生活中安排的集体教学活动比例过重，游戏活动和区域活动所占比例太小，甚至有的园所完全忽略幼儿的游戏时间和区域活动时间，这成为制约幼儿园保教质量的重要因素。

目前幼儿园区域活动时间的现状有以下几种：

（1）一日活动中集体教学与区域活动比例适当，每天有不少于一个小时的区域活动时间，区域活动质量较高。

（2）每天教师都能挤出时间让幼儿进区活动，但活动时间较短，缺乏教师的有效指导和跟进，活动效果一般。

（3）课程较满，每周能有几次区域活动，但时间不定，没有计划性，比较随意。

（4）重教学、轻游戏，几乎没有时间开展区域活动。

（三）区域活动的物质保障

开展区域活动需要购买较多的设备，投放丰富的材料，这就需要幼儿园的资金支持。比如每个班级需要配备数量充足的玩具橱，配备适量的托盘、篮子、地垫等材料，还需要配备一定的诸如积木、益智玩具、实验材料、图书等玩教具。音乐活动室、美术活动室、图书室、科学发现室等公共活动室中，更是需要幼儿园投入大量的资金，购置相关的器材和设备。具体评价可从以下几个方面考虑：

（1）是否为各班配备了数量充足的玩具橱、托盘、地垫等基础设施设备。

（2）是否为各年龄班配备了充足的图书、积木等玩教具材料。

（3）是否根据需要补充了足够的自然材料或半成品材料。

（4）是否根据各专用活动室的需要配备了适宜的设备和材料。

（四）区域活动与课程的融合

区域活动是幼儿园一日生活的组成部分，也是课程的一部分。现阶段有些幼儿园由于对区域活动缺乏认识，存在区域活动表面化、形式化等问题，对区域活动的开展缺乏有效的研究，没有把区域活动当做园本课程的重要组成部分看待。这方面的评价可以有以下几个层次：

（1）把区域活动和主题教学活动同等看待，都视为幼儿园课程重要的组成部分，有目标、有计划、有统筹安排和评估检查、指导。

（2）把区域活动简单等同于主题活动的延伸和补充，幼儿不能充分发挥自主性、不能自由地开展活动，评估检查和指导缺乏针对性。

（3）区域活动与日常课程割裂开来，是教师随意安排的活动，没有幼儿园的评估检查和跟进指导。

（4）区域活动成为纯粹的自由活动，缺乏教师的有效指导，幼儿园也没有必要的评估检查和指导。

（五）区域活动的教师培训或教研支持

相对于教学活动，区域环境的创设和区域活动的开展，对教师的专业知识和专业能力的要求更高，而这又恰恰是现阶段很多幼儿园教师最欠缺的，因此，需要幼儿园不断跟进的培训和教研做支持。这方面的评价可以有以下几个层次：

（1）围绕区域环境创设和区域活动指导有持续的培训计划和教研计划，或者以研究课题引领日常教研活动，针对性、实效性都较强。

（2）能够根据需要开展一定的教研和培训，但培训内容不够系统，研究缺乏连续性。

（3）有时安排区域活动的教研或培训，但随意性较强，缺乏系统性、计划性和针对性。

（4）重视集体教学研究，轻视区域活动教研，没有区域教研的计划和内容。

（六）区域活动的评价机制

幼儿园的评价决定着教师对工作的重视程度。如果幼儿园的评价机制中没有区域活动开展情况的评价，那么教师就不会对该项工作有足够的重视。现阶段幼儿园区域活动评价存在以下几种情况：

（1）幼儿园评价体系中，有科学合理的、专门针对区域环境创设和区域活动开展情况的评价指标，能对教师工作起到应有的引领和促进作用。

（2）幼儿园评价体系中，有针对区域环境创设和区域活动开展情况的评价指标，但所占比重太小，不能引起教师足够的重视。

(3)幼儿园评价体系中，只有很少的针对区域活动的评价指标，较为笼统，幼儿园对该项工作也不够重视。

(4)幼儿园工作评价体系中，基本没有针对区域活动的评价指标。

附：对区域管理保障的评价表（参考表6-4）

表6-4 对区域管理保障的评价表

幼儿园： 评价者： 时间：

评价指标	评价层级	评价等级	自评
区域活动的空间保障	幼儿园整体布局合理、活动室空间较为宽敞，能够满足全体幼儿的活动需要，并能得到较为科学、充分地利用	优秀	
	幼儿人数与空间尚能匹配，教师能合理规划和分配空间，保障一般活动的需要	良好	
	空间狭小，班额较大，但教师能够分时段合理利用空间，适度开展类似小组活动的区域活动	一般	
	空间特别狭小，班额过大，不能开展区域活动，也几乎没有区域活动	较差	
区域活动的时间保障	一日活动中集体教学与区域活动比例适当，每天有不少于一个小时的区域活动时间，区域活动质量较高	优秀	
	每天教师都能挤出时间让幼儿进区活动，但活动时间较短，缺乏教师的有效指导和跟进，活动效果一般	良好	
	课程较满，每周能有几次区域活动,但时间不定，没有计划性，比较随意	一般	
	重教学、轻游戏，几乎没有时间开展区域活动	较差	
区域活动的物质保障	配备了数量充足的玩具橱柜、托盘等基础设备，积木、智力玩具、图书等玩教具充足，并有丰富的自然材料和半成品材料	优秀	
	配备了一定数量的玩具橱柜、地垫等基础设备，有一定的玩教具、自然材料和半成品材料	良好	
	玩具橱柜等基础材料较少，玩教具数量少、种类单一，缺乏足够的操作材料和半成品材料	一般	
	基础设备和玩教具、材料都很少，不能满足幼儿开展区域活动的需要	较差	

表 6-4 续

评价指标	评价层级	评价等级	自评
区域活动与课程的融合	把区域活动和主题教学活动同等看待，都视为幼儿园课程重要的组成部分，有目标、有计划、有统筹安排和评估检查、指导	优秀	
	把区域活动简单等同于主题活动的延伸和补充，幼儿不能充分发挥自主性、不能自由地开展活动，评估检查和指导缺乏针对性	良好	
	区域活动与日常课程割裂开来，是教师随意安排的活动，没有幼儿园的评估检查和跟进指导。	一般	
	区域活动成为纯粹的自由活动，缺乏教师的有效指导，幼儿园也没有必要的评估检查和指导	较差	
区域活动的教师培训或教研支持	围绕区域环境创设和区域活动指导有持续的培训计划和教研计划，或者以研究课题引领日常教研活动，针对性、实效性都较强	优秀	
	能够根据需要开展一定的教研和培训，但培训内容不够系统，研究缺乏连续性	良好	
	有时安排区域活动的教研或培训，但随意性较强，缺乏系统性、计划性和针对性	一般	
	重视集体教学研究，轻视区域活动教研，没有区域教研的计划和内容	较差	
区域活动的评价机制	评价体系中有专门针对区域环境创设和区域活动开展情况的指标，能对教师工作起到引领和促进作用	优秀	
	评价体系中，针对区域环境创设和区域活动开展情况的评价指标所占比重太小，不能引起教师的重视	良好	
	评价体系中，只有很少的针对区域活动的评价指标，较为笼统，幼儿园对该项工作也不够重视	一般	
	评价体系中，基本没有针对区域活动的评价指标	较差	
综合评价			

参考文献

[1] 董旭花，主编．幼儿园科学区（室）：科学探索活动指导117例 [M]．北京：中国轻工业出版社，2011．

[2] 董旭花，主编．幼儿园游戏 [M]．北京：科学出版社，2009．

[3] 何艳萍，主编．幼儿园区域活动的实践与探索 [M]．北京：北京师范大学出版社，2010．

[4] 李莉．把握教师在建筑游戏中有效的介入与指导 [J]．学前教育，2006（04）．

[5] 蒙台梭利．蒙台梭利幼儿科学教育方法 [M]．任代文，主译校．北京：人民教育出版社，2001．

[6] 秦元东，王春燕．幼儿园区域活动新论：一种生态学的视角 [M]．北京：北京师范大学出版社，2008．

[7] 孙瑞雪．爱和自由：孙瑞雪幼儿教育演讲录 [M]．北京：中国妇女出版社，2009．

[8] 王春艳，金小燕．生态式幼儿园区域活动评价初探 [J]．学前教育：幼教版，2006（09）．

[9] 王华芬．幼儿园建构游戏的组织与指导 [J]．当代学前教育，2012（02）．

[10] 王银玲．透过区域活动看幼儿园教育质量 [J]．幼儿教育：教育教学版，2009（1）．

[11] 王玉宇．幼儿园区域活动评价的实践探索 [J]．新课程：教研，2010（08）．

[12]《幼儿园活动区丛书》编写组，编著．建构活动区的设计与应用 [M]．南京：南京师范大学出版社，2003．

万千教育 学前教育书目

书号	书名	著、译者	定价(元)
幼儿园区域活动指导			
1935	幼儿园户外环境创设与活动指导（全彩）	董旭花 等 著	72.00
2103	幼儿园社会区材料设计与评价（四色）	王微丽 霍力岩 主编	60.00
1950	幼儿园科学区材料设计与评价（全彩）	王微丽 霍力岩 主编	60.00
1951	幼儿园生活区材料设计与评价（全彩）	王微丽 霍力岩 主编	60.00
1782	幼儿园数学区材料设计与评价（全彩）	王微丽 霍力岩 主编	60.00
1800	幼儿园语言区材料设计与评价（全彩）	王微丽 霍力岩 主编	60.00
2598	幼儿园艺术区材料设计与评价（全彩）	王微丽 霍力岩 主编	60.00
9613	幼儿园区域活动——环境创设与活动设计方法（全彩）	王微丽 主编	60.00
9149	小区域，大学问——幼儿园区域环境创设与活动指导	董旭花 等 著	30.00
9548	幼儿园创造性游戏区域活动指导（角色区·建构区·表演区）	董旭花 等 编著	32.00
9549	幼儿园自主性学习区域活动指导（生活操作区·美工区·益智区·科学区）	董旭花 等 编著	35.00
0156	幼儿园区域活动现场指导艺术——透视38个区域故事	董旭花 等 著	38.00
9134	如何有效实施幼儿园主题性区域活动	秦元东 等 著	24.00

7937	幼儿园科学区（室）——科学探索活动指导117例	董旭花　主编	28.00
幼儿园区域活动指导合计			679.00

幼儿园园所管理			
2102	破解幼儿园园长的50个管理难题	苏晓芬　等　著	48.00
1784	幼儿园危机管理策略与实例	周丛笑　等　编著	52.00
1596	幼儿园安全管理策略	张春炬　李芳　主编	42.00
0039	园本培训促进幼儿教师专业发展	晏红　著	32.00
9883	幼儿园教研活动设计与实施	莫源秋　著	32.00
9620	幼儿园保育员工作指南	伍香平　等　主编	20.00
9438	幼儿园园长的领导艺术	任民　李迎春　著	32.00
9006	幼儿园园长临场应变技巧50例	卢俊　著	20.00
9012	幼儿园园长易犯的80个错误	伍香平　主编	25.00
幼儿园园所管理合计			303.00

幼儿行为观察与应对指导			
2308	0—8岁儿童纪律教育——给教师和家长的心理学建议（第七版）	蔡菡　译	72.00
9138	幼儿行为的观察与记录（第五版）	马燕　等　译	32.00
2045	幼儿问题行为的识别与应对——给家长的心理学建议（第二版）	冯夏婷　主编	58.00

……
欲了解更多图书信息，请登录：www.wqedu.com
联系地址：北京市西城区三里河路6号院2号楼213室　万千教育
咨询电话：010-65181109，65262933
*本目录定价如有错误或变动，以实际出书为准。